Iturbide y el Bicentenario

Nemesio Rodríguez Lois

FE
Fundación Editorial
VASCO DE QUIROGA

"Iturbide aparecía más que nunca ante las multitudes como un guía y como un faro: Era el orgullo nacional hecho carne"

(JUSTO SIERRA)

Historiador liberal.

"Causa conmiseración el triste fin de un mexicano que, cualesquiera que hayan sido sus ambiciones personales, contribuyó a la consumación de nuestra independencia"

(JESUS ROMERO FLORES)

Socialista anticlerical. Constituyente de 1917.

"La popularidad del héroe de cien batallas, del Libertador, del verdadero Padre de la Patria, iba creciendo más y más cada día; y no cien ni mil, ni cien mil mexicanos, pedían a gritos la consagración de Iturbide Emperador, sino toda la Nueva España, como un solo hombre"

(CARLOS MARIA DE BUSTAMANTE)

Enemigo de Iturbide.

CONTENIDO

PRÓLOGO

Aparece con una oportunidad extraordinaria este bello libro y completamente apegado a la verdad en el cual se recuerda, nada menos que la figura de quien podemos llamar con justicia: El Padre de la Patria, Agustín de Iturbide y Arámburu. Por lo que se refiere a la primera afirmación, estamos a unos meses, poco más de un año desde que este se escribe, de la consumación de nuestra independencia que es lo que realmente deberíamos celebrar. Con lo cual queda perfectamente clara la señalada oportunidad.

Apreciado lector tiene usted en sus manos un libro en verdad muy valioso, en él se reivindica una verdad fundamental de nuestra identidad y se le hace justicia a un personaje que la torcida historia oficial, ha querido desterrar haciendo que sus despojos mortales descansen en el monumento más importante del arte virreinal de todo este continente. Sitio sagrado muy en consonancia con el catolicismo de Iturbide y de gran parte de México.

Por desgracia, los mexicanos no hemos podido superar lo que significa el mestizaje hispano-americano y ello ha producido no sólo un sinnúmero de mentiras que la realidad demuestra, ha dejado en claro también, nuestra obsesión por lo que se dice extraño, por lo que nos daña en lugar de cobijarnos bajo la gloriosa hispanidad debida a un pueblo del occidente de Europa, que luchó por ocho largas centurias bajo la sombra de la Cruz de Cristo, expulsando al moro de la península, para venir después, a traernos su nacionalidad al continente nuestro que atraviesa de polo a polo.

Aunque de la hispanidad podemos encontrar algunos antecedentes ya en la época romana en lo militar y en el alma, con figuras como Séneca de Córdoba y los grandes emperadores Trajano, Adriano y particularmente Teodosio, lo cierto es que ese sentimiento comienza a delinearse desde que el moro pasa el estrecho llamado por una deformación de la palabra árabe, Gibraltar llevando el Corán para oponerlo al Evangelio. Ya en 1531 se imprime el Tractado de ortographia y acentos en las tres lenguas principales de Alejo Venegas. Miguel de Unamuno, entre otros muchos, discurre sobre el término en 1909.

No cabe duda de que la mirada inteligente de Isabel la Católica apoyada por su consorte, Fernando de Aragón, en cuanto se consolida la reconquista en Granada, fue decisiva en el apoyo a Colón. Ella quiso a todos los habitantes de sus tierras hombres libres.

Luchar con la fuerza de la pluma y de las ideas por recuperar la verdad que es única, constituye una labor muy loable que enriquece oportunamente

1

nuestra identidad. Se busca así limpiar las mentiras y exageraciones con las que se ha deformado la llamada historia oficial. Efectivamente, cuando se le sabe manejar como en este libro que prologamos, la pluma es un arma muy poderosa.

Personalmente, me opongo a llamar a todo ese decurso de tres cientos años, historia colonial, ya que la Nueva España no fue una colonia, principalmente en su primera concepción, la de los Austrias, los Habsburgo. Fuimos un reino, como se dice, la joya de la corona del imperio en el que no se ponía el sol.

El maestro Nemesio Rodríguez Lois, estupendo escritor e historiador se hace cargo en esta ocasión justamente de la figura insigne de Agustín de Iturbide, criollo mexicano. El autor demuestra con un muy grueso material, que fue Iturbide el verdadero libertador y consumador de México.

Nieto e hijo de emigrantes españoles, procede de una familia que, a base de austeridad, trabajo, ahorro y visión empresarial logró salir adelante a pesar de numerosos contratiempos. Esto ha influido en el autor para que se convierta en un acérrimo defensor de la libre empresa. Sus progenitores le enseñaron a luchar a partir de poco, y eso modeló su carácter disciplinado y fecundo.

Por lo anterior siempre se ha manifestado enamorado de México al igual que sus padres y abuelos.

Se ha deleitado con los viajes y la lectura. Esto ha contribuido poderosamente para forjar en él un carácter de pensador enamorado también de la verdad y de la Verdad.

Rodríguez Lois encuentra con mucha razón un especial sentimiento hacia el jesuita Francisco Xavier Clavijero, expulsado de Nueva España en 1767 con los demás jesuitas. Desde el extranjero sintió como criollo, el sentimiento de la mexicanidad por primera vez y formuló la primera historia de nuestra patria: Historia antigua de México. En este sentido es un precursor extraordinario como lo anota nuestro autor, pues sintió que lo mexicano no era sólo indígena ni sólo español, sino el resultado de esa unión que daba a luz una nueva nación. Esto se aplicará a gran parte de nuestro continente. Si quisiéramos entrar a la Teología sabiendo que este no es su lugar; veríamos el rostro de Cristo, Sumo Mestizo: Dios y Hombre.

Lo anterior hace pensar en nuestra Historia: De Hernán Cortés a Agustín de Iturbide. España cristianizadora, cumplió con el mandato que Jesús repite más, poco antes de su Ascensión: Id y predicad a todos los pueblos el Evangelio.

De una biblioteca impresionante en la que sustenta sus indagaciones aparecen textos como el de México a Través de los Siglos para que no se diga que únicamente consultó trabajos de su misma filiación. Sobresalen las obras de José Bravo Ugarte, Mariano Cuevas, Jorge López Moctezuma, Joaquín Márquez Montiel, Francisco Xavier Scheifler Amézaga, por ser jesuitas integérrimos cuyas lecciones hacen reverencia a la verdad buscando como nos enseñó Ignacio: "Todo para la mayor gloria de Dios".

Su amistad especialmente con los jesuitas López Moctezuma, Rubén Murillo y Francisco Migoya, fueron proverbiales, en ocasiones lo encontraba con ellos y prefería posponer nuestro encuentro para no interrumpir. Al Padre Manuel Ignacio Pérez Alonso, nicaragüense, ex rector de la Ibero, lo apreció mucho y por él supimos que el nombre completo de la Ibero es Universidad Iberoamericana de san Ignacio de Loyola.

Fueron años muy placenteros dedicados al crecimiento humano y académico. La Ibero, todavía no había crecido tanto, aunque cuenta aún con carreras fundadas en México por los jesuitas.

Cuando Nemesio comenzó la carrera de Derecho, la universidad jesuítica pero regida también por laicos y no por autoridades del arzobispado, después de agrias discusiones causadas por una minoría, se autonombró "Universidad de inspiración Cristiana", fórmula ideada por el Padre y doctor en Filosofía además de abogado, Héctor González Uribe. Esto además era concordante con la idea de sus fundadores que lo hicieron deliberadamente un 7 de marzo, entonces fiesta de santo Tomás de Aquino. Se buscaba un centro de estudios que se iluminara con la luz del Evangelio dentro de la absoluta libertad de sus maestros y alumnos.

En esas fechas acababa de fallecer don José Bravo Ugarte, octubre de 1968.

Nemesio se entusiasmaba con el lema de que la Verdad- que es el mismo Jesús- nos hace libres como nos recuerda el Evangelio de san Juan. Así con frecuencia comentábamos el alcance de esta identidad y sus compromisos.

El director de la carrera, Lic. Manuel Borja Martínez, me indicaba que sería bueno comprometer a Nemesio para que fuera profesor de nuestro claustro. Esto no fue posible pues, aunque lo traté, siempre me explicó que debía atender los negocios de su padre.

En la actualidad felizmente casado con doña Olga Doval de Rodríguez Lois y padre de tres hijos: Isabel, Santiago y Fernando, colabora activa y brillantemente en los diarios digitales WWW.yoinfluyo.com y WWW.actuall.com

No faltó la ocasión en la que el autor de estas líneas, estudiando y escribiendo sobre el dominico Fray Francisco de Vitoria, exactamente para Jurídica, cambiaba impresiones con el futuro licenciado que me recordaba la impresión tan magnífica que guardaba en su memoria de san Esteban, recinto en el cual Vitoria, en Salamanca, fundó el derecho internacional, defendiendo los derechos humanos de los indígenas de américa como lo había dejado establecido Isabel la Católica. Alguna vez de manera modesta llegó a ese lugar Carlos V cuando ya conocía la lengua del Cid, para escuchar al gran fraile.

La bibliografía en que se apoya el autor, muestra un caudal impresionante de autores, historiadores mexicanos que muestran la verdad sin temores ni deformaciones como lo hace indebidamente la historia oficial manipulada por los enemigos de la verdad, de la hispanidad, del mestizaje y la cruz en su acepción más nítida. Son los valores en que se apoyó la civilización de los pueblos de América que ocupó España.

Nosotros desde el norte del océano Pacífico hasta la tierra del fuego, no fuimos escasas colonias desunidas y sometidas sin consideración por la corona inglesa. Recordemos: No taxation without representation que fue el grito que, a propósito del té, desató la lucha de esas colonias por la independencia con la ayuda de Francia, en el siglo XVIII. Por ello no necesitábamos el federalismo que acá desunió lo que unió en el norte. Esas colonias si estaban sometidas plenamente el rey y por ello, es correcto hablar de vida colonial.

Recordemos que los españoles del norte de Nueva España, escasamente poblado por la amplitud de esos territorios, comerciaban con los rusos que bajaban de Alaska, porción importante todavía de Rusia, allá por el norte del actual Oregón.

En los célebres gritos de independencia que presenciamos cada septiembre, se omite a Iturbide por razones que el autor explica de manera contundente. Empero, se vitorea: "A los héroes que nos dieron Patria". En esa exclamación, Iturbide conforme a la verdad que es sólo una, ahí, precisamente está nuestro personaje, héroe como apuntamos y mártir de la libertad y soberanía de nuestro país.

Fue el único y el primero que tuvo la intuición de conseguir la independencia de México a través de la Unión, evitando el derramamiento de sangre que le horrorizaba a pesar de ser ese su trabajo por el grado militar que había merecido. Y seguimos y seguiremos con la bandera que él nos dio.

Iturbide no habrá sido un genio perfecto, tuvo sus errores como cualquier humano, como lo apunta nuestro autor. Pero tuvo esa intuición genial que aún no ha sido debidamente analizada por la historia militar a pesar de que nuestro autor la señala claramente.

La intuición es un arma poderosísima que desecha las armas en este caso y fue el genio de Iturbide el que la concibió y llevó a cabo en beneficio de México. Éste es el mejor tributo que le dio a la Patria. ¿Cuántas almas habrá salvado, cuántos males pudo evitar? Lección importante que debiese ser estudiada e imitada en un gran número de casos.

Tuve el privilegio de conocer a Nemesio Rodríguez Lois al terminar la década de los sesenta en la Universidad Iberoamericana, fue un alumno muy brillante en la cátedra que impartía de Derecho romano, Segundo y más tarde de Historia del Derecho en México. Pronto las afinidades entre nosotros se fueron haciendo patentes. Veíamos que a pesar de que Nemesio no pensara ejercer la carrera de Derecho, estos estudios le daban una formación excelente para ser un hombre de letras, especialmente lo que más le seducía que era la historia y la defensa de los valores que ya tenía desde su niñez, pero que su presencia en la Universidad de los jesuitas le fortificaban considerablemente. Hizo amistad, lo cual era en verdad difícil con el Padre Secretario de la Universidad, Francisco Migoya Covarrubias.

Su aplicación al estudio de la Historia, facilitó que el autor de estas líneas, lo invitara como asistente de sus clases de Historia del Derecho Patrio, así como el ilustre profesor, joven, por cierto, Jorge Díaz Estrada, hiciera lo propio, tareas que desempeñó Nemesio con autoridad, propiedad y altura. De esta segunda actividad, él expresa que aprendió a escribir un libro.

Durante el año de 1973 cuando se aprestaba ya a terminar sus estudios de licenciatura se acercó conmigo para dialogar en torno al trabajo de tesis profesional que debía formular para coronar sus estudios. Después de algunos ratos de conversación y siempre enamorado de la historia de México ya desde entonces, se decidió por estudiar la Vicepresidencia en México. Realizó este trabajo con la metodología que había aprendido sin que requiriera de ninguna dirección. Por ello alcanzó la calificación de mención honorífica por el jurado que presidió el brillante constitucionalista Ignacio Burgoa Orihuela, el autor de estas líneas y el eminente civilista y filósofo, así como historiador, José de Jesús López Monroy.

Vale la pena preguntarse la razón por la cual Rodríguez Lois, eligió la carrera de Derecho y no la de Historia. Con excelente formación en las humanidades, intuyó con sabiduría que la formación integral que recibe el abogado, le permite girar para diferentes campos del saber y del quehacer humanos. En efecto en sus diferentes escritos de esta producción cuyo hilo conductor es la exaltación de la verdad y de los demás valores con énfasis en el compromiso de vida católico.

En el libro que se prologa, en diferentes momentos acude con maestría a los problemas jurídicos como cuando estudia la función de un Congreso Constituyente y emplea el libro clásico de Ignacio Burgoa.

Respecto de ese trabajo, me he permitido insistirle en que, retocado, podría ser convertido en un libro de actualidad, sumamente aportador de los conflictos que vivimos en los siglos XIX y principios del siguiente. Evitaría tentaciones impensables de volver al pasado.

Ya desde antes de titularse había recibido del CONACYT y otras instituciones, el premio al mejor estudiante de México.

Su trabajo profesional en el campo de las letras ha sido muy brillante. Se ha destacado de 1973 a 2003 como editorialista del HERALDO DE MEXICO, publicando artículos sobre economía, policía, historia, religió y cultura general. De 1981 a 1984 fungió como corresponsal en México de la revista española IGLESIA-MUNDO.

Sería largo continuar enumerando los múltiples trabajos de difusión de nuestro autor dentro de los cuales sobresalen ser presidente emérito de la RED DE COMUNICADORES CATOLICOS.

Ha intervenido en México y en el extranjero participando brillantemente en cursos, congresos y conferencias en la Unión de Padres de Familia, Fundación para la difusión cultural del Medio Milenio en América.

Ha publicado nueve libros que han sido muy leídos y comentados tales como La Cruzada que forjó una Patria que tuvo su origen en un artículo de la revista Jurídica, No. 3, de la Universidad Iberoamericana en donde solamente escriben profesores en la cual fue invitado excepcionalmente a hacerlo al avanzar y sobresalir en la carrera en 1971 y que después convirtió en libro, Historia de la antieducación en México, 2000, Los Mitos del Bicentenario, Forjadores de una Patria, en los años 2002 y 2003, publicó artículos sobre la Bula Sublimis Deus del Papa Paulo III que reconoce los derechos humanos de los naturales de América y en el año siguiente en la misma revista, sobre Isabel la Católica y su aportación en la integración del Derecho Novohispano, posteriormente, su estupendo Isabel la Católica. Su legado para México, 2013.

Acerca de Iturbide, hemos de escribir que ya lo había inquietado mucho el personaje desde ante de terminar la carrera en la Ibero, en particular ya que varios grupos de católicos festejaron los 150 años de la consumación de la independencia. Nuestro autor sustentó una interesante conferencia, precisamente el 23 de septiembre de 1971 en el Real Club España, titulada: "¿Fue Iturbide un traidor?

Esto nos permite apreciar que ya desde su época de estudiante, Rodríguez Lois meditaba mucho acerca del personaje, incluso llegó a considerar si su tesis profesional, podría ocuparse del tema, pero prefirió esperar. Como se ve, ya un medio siglo de estudiar y considerar la cuestión, nos permite entender que se trata de una obra de madurez.

Dejemos pues al lector a que abra y comience a saborear el libro que nos ocupa. Encontrará un estilo límpido y agradable, ideas claras, ese arte que sólo se da a pocos de ejercer una prosa plena de luz.

De modo muy breve, alabaré para terminar con estas ideas iniciales, el que comience con la aclaración que a pesar del genio de Iturbide, hay en su biografía errores del cual el más costoso para mí, como apunta el autor, es no haber hecho un trato efectivo con Simón Bolívar para crear una Patria Americana de raigambre Hispano-Católica, que cerrara el paso a la masonería y a los del norte que tanto mal han causado, su capítulo La causa de la causa, para detectar las raíces del momento, el paso a Suenan los tambores de guerra es donde se ve que Iturbide se hace heredero de Clavijero al usar el nombre de México, la identidad de Iturbide que no por casualidad, nació un 27 de septiembre y el recuerdo de don Vasco, el camino hacia el trono, el terrible encuentro con los del norte. California a la vista, camino al cadalso, en defensa de Iturbide, su prematura conciencia de la hispanidad y diríamos que, de la mexicanidad, para cerrar con las conclusiones, unos anexos interesantes y la monumental bibliografía.

Agustín de Iturbide que unificó a la Patria y la liberó, NO fue un traidor porque era criollo y, por ende, ostentaba las dos nacionalidades jurídica y sociológicamente y optó, por realizar una hazaña incruenta. Estúdiense bien los Tratados de Córdoba y el Plan de iguala. Fue un héroe y mártir que nos dio Patria.

Muchas vergüenzas quisiera ocultar la historia de México, pero el trato que se le dio a Iturbide, Realizador de la Unidad Nacional, haberlo privado de la confesión y comunión sacramentales, que finalmente las hizo con el mismo Dios, le otorgan además un claro aire de mártir en cuyo perjuicio se vulneraron muchos derechos humanos por parte de la Patria que había unido, pero su salvación y heroísmo, quedan inscritos con letras de oro en la biografía de un Católico que perseveró hasta el final cuando entró a la eternidad.

José de Jesús Ledesma Uribe. 1 de julio de 2020. .

A QUIEN ESTO LEYERE

Antes de dar inicio a este trabajo, consideramos prudente hacer una advertencia: No se trata de una hagiografía en la cual se presente a don Agustín de Iturbide como si fuera un santo de pureza inmaculada, incapaz de intentar siguiera un mal pensamiento.

Esa es la razón por la cual, en la medida de lo posible, citamos las opiniones no solamente de autores liberales sino incluso de aquellos que fueron sus más acérrimos enemigos.

Y advertimos también que no pretendemos ser exhaustivos pues si en la obra incluyésemos todo lo que consideramos interesante la extensión se triplicaría, lo cual produciría el fastidio de los lectores y, por lo tanto, el riesgo de que abandone la lectura. Pretendemos una obra ágil y sencilla que, más que un estudio a fondo, sea un libro ameno de consulta.

Mas bien, lo que pretendemos es presentar con objetividad histórica y sin partidismos de alguna especie la figura del Libertador de México, a quien no solamente se le privó de la vida sino también de la buena fama a la cual, con toda justicia, tiene derecho.

Y es que, como bien nos dice el inmortal Don Quijote: "Los historiadores que de mentiras se valen habían de ser quemados, como los que hacen moneda falsa" (El Quijote. Parte Segunda. Capítulo III).

Y es que esa ha sido la tragedia de nuestro pueblo, que, durante más, mucho más de un siglo y medio, ha padecido las mentiras de los autores de la Historia Oficial.

Una Historia Oficial que no solamente miente, sino que incluso calumnia distorsionando la realidad.

Considerando que nadie puede ser un verdadero patriota si es completamente ignorante de la Historia de su patria, es que nos hemos propuesto rebatir los mitos de la Historia Oficial.

Es de justicia que nuestro pueblo conozca sus auténticas raíces, así como el que sepa venerar la memoria de los auténticos héroes y repudiar a los actuales seguidores de quienes en el pasado fueron los causantes de nuestras desgracias.

Esa es la razón por la cual, buscando esa Verdad que habrá de hacernos libres emprendemos este trabajo buscando no tanto ensalzar inmerecidamente al Libertador de México sino mas bien presentando los hechos con la debida objetividad.

Que oportunas resultan aquí aquellas frases que don Miguel de Cervantes pone en labios del Bachiller Sansón Carrasco: "Uno es escribir como poeta, y otro como historiador; el poeta puede contar o cantar las cosas, no como fueron, sino como debían ser: y el historiador las ha de escribir, no como debían ser, sino como fueron, sin añadir ni quitar a la verdad cosa alguna" (El Quijote. Parte Segunda. Capítulo III).

Y al escribir como historiador -y no como poeta o novelista- necesariamente habremos de encontrarnos con muchas sorpresas, especialmente el hecho de que personajes que, aparentemente, eran todopoderosos, en el fondo, no eran más que simples títeres manipulados por fuerzas ocultas.

Unas fuerzas ocultas sumamente poderosas que no solamente desviaron el rumbo de la historia impidiéndole a México cumplir con su vocación hispano católica.

Unas fuerzas ocultas sumamente poderosas que continúan decidiendo los destinos del mundo actual.

Pues bien, al investigar sobre nuestro pasado y al conocer con más detalle la personalidad de Iturbide, necesariamente, habremos de toparnos con esas fuerzas ocultas que no por ser invencibles son inexistentes.

Con el objeto de no hacer tan pesada la narración, así como de imprimirle una metodología didáctica, en el primer capítulo advertimos que empezamos por el final, siendo que no es exactamente así.

Mas bien, empezaremos por el momento en que, tras la firma de los Tratados de Córdoba, se lleva a cabo la Independencia.

Después de un largo y quizás prolijo recorrido, llegamos al glorioso 27 de septiembre de 1821, para luego presentar la vida y hazañas del Libertador, cómo llegó a detentar un poder que en el fondo repudiaba y cómo -al convertirse en un estorbo- fue eliminado por quienes no solamente eran enemigos suyos sino también de México y del resto del Mundo Hispánico.

Y en vista de que, al ser sometido a un proceso que no fue más que una farsa, a Iturbide se le impidió defenderse, hemos dedicado todo un capítulo a su defensa, con la particularidad de que citamos varios párrafos en los cuales es el propio don Agustín quien rebate a sus acusadores.

Finalizamos con una reflexión acerca de un ideal de Hispanidad que Iturbide tenía muy claro y que, por su fidelidad al mismo, le quitaron la vida. Al cumplirse dos siglos de nuestro nacimiento a la vida independiente, hemos escrito este trabajo en honor de quien es el único Héroe del Bicentenario.

CAPÍTULO I
EMPEZAREMOS POR EL FINAL...

Ocurrió hace doscientos años: Era la madrugada del 30 de julio de 1821 y, sobre las apacibles pero cálidas aguas del Golfo de México, el navío "Asia" estaba ya muy cerca de su destino.

Sobre la cubierta se paseaba un hombre de porte distinguido y cuya edad rondaba los 60 años.

Un hombre de ascendencia irlandesa nacido en Sevilla en 1762 y cuyo "curriculum vitae" era de lo más brillante: Dentro del ejército español ostentaba el grado de Teniente General y, durante la lucha contra la invasión francesa, había desempeñado el cargo de ministro de Guerra y Marina.

"Era éste un liberal avanzado, afiliado a la Masonería, enemigo del absolutismo, que había sido perseguido por Fernando VII y desempeñado cargos importantes en España"[1].

Quizás por eso, por ser un masón de alto nivel, fue que sus hermanos de logia -especialmente el diputado Miguel Ramos Arizpe- influyeron para que dicho personaje recibiese un nombramiento muy especial que muchos ambicionaban pero que él -en su fuero interno- veía con cierta zozobra.

A bordo de aquel navío que antes de un par de horas atracaría en el Puerto de Veracruz viajaban tan peculiar personaje que respondía al nombre de Juan O'Donojú y que acababa de ser nombrado Jefe Político y Capitán General de la Nueva España, cargo que hasta hace poco era conocido con el simple, pero muy popular título de Virrey.

Don Juan se encuentra deprimido y no es para menos puesto que durante tan larga y penosa travesía ha visto morir a dos sobrinos, así como a casi un centenar de sus más fieles servidores.

"¿Qué es lo que me espera en este país que ha puesto el destino en mis manos?", quizás pensase O´Donojú mientras se paseaba nerviosamente por la cubierta con las manos cruzadas a la espalda.

---

[1] Toro, Alfonso, **Historia de México,** Editorial Patria, 16ª. Edición, México, 1973, página 242.

"Un país exótico con cierto aroma de leyenda donde se dan todos los climas, donde las rosas florecen en invierno; donde hay numerosos lagos, pirámides, conventos y volcanes e incluso… ¡algo difícil de creer! Donde se dice que la Virgen María se pintó ella misma sobre la tela que cubría el cuerpo de un indio.

"Se escuchan los rumores más fantásticos y descabellados: Que la Corona Española está a punto de perder la joya más preciosa de su Imperio o sea el Reino de la Nueva España, que el país está en guerra y que los ejércitos realistas no pueden controlar la rebelión".

De improviso, algo corta los pensamientos del viajero meditabundo: Allá a lo lejos, una curiosa mole de piedra que, conforme el navío más se acerca, va creciendo hasta mostrarse tal cual es.

-El Castillo de San Juan de Ulúa, Excelencia- le dice uno de los oficiales que viajan a bordo. Es una prisión que está a cargo de tropas españolas.

San Juan de Ulúa. Al escuchar ese nombre, el flamante virrey, sin saber la causa, experimenta un incontrolable estremecimiento.

"San Juan de Ulúa, escuadrones de fantasmas que por las mazmorras se hunden en las sombras de la noche, ahogados coros de lamentos en las horrendas y silenciosas cámaras de tortura, donde jamás ha vuelto a asomarse el Sol, porque se apagaría de horror; en los baluartes, mudos centinelas invisibles otean la augusta mansedumbre del mar, en las noches quietas y durante el alebrestado oleaje del temporal"[2].

EL EXMO. S. TEN. GRAL. DON JUAN O-DONOJU, SEVILLANO. Último Virrey de Nueva España; prestó el juramento en Veracruz, en 3 de Agosto de 1821 firmó los tratados de Córdova en 24 del mismo y murió en 8 de Octubre del propio año.

Retomando el control de sí mismo, O´Donojú continúa con sus meditaciones:

"Sea lo que sea, traigo una misión muy especial que habré de cumplirla pese a quien le pese: Imponer la Constitución de Cádiz cueste lo que cueste… aunque para ello sea necesario cortarle la cabeza a todos los que se opongan.

El flamante virrey ignoraba que, una vez que hubiese pisado suelo mexicano y después de enterarse de la situación real del país, acabaría pensando exactamente lo contrario.

---

[2] Robelo Arenas, Ricardo, **Historia General de la Fortaleza de San Juan de Ulúa**, Imprenta Gráficos del Golfo, 1ª. Edición, Veracruz, 1953, página 5.

El navío atraca en el muelle, Don Juan y séquito que le acompaña pisan tierra firme y, al hacerlo, con esmerado protocolo, le recibe el General José Dávila, gobernador militar del Puerto de Veracruz.

Poco después, ambos personajes sostienen una entrevista privada que se prolonga durante varias horas.

Una vez concluida tan larga conversación, hasta el menos observador de los allí presentes pudo darse cuenta de que el semblante de Don Juan mostraba la preocupación propia de quien siente como el mundo se le ha venido encima.

"Pueblo tras pueblo, guarnición tras guarnición, los miembros del ejército realista se enlistaban en el Ejército Trigarante... incluso los oficiales más notables del ejército realista, conocidos por su cruel lucha en contra de los patriotas, se habían pasado al lado de Iturbide"[3].

-Por lo que veo, todo está perdido, General Dávila. Solamente en cuatro puntos se reconoce a las autoridades españolas: Acapulco, la fortaleza de Perote, la Ciudad de México y, por supuesto, el Puerto de Veracruz.

-Es penoso reconocerlo, Excelencia, pero ésa es la triste realidad.

-Ante los hechos consumados, debemos ser prácticos. Pediré una entrevista con el tan mencionado Iturbide que parece ser quien domina la situación -respira profundamente y agrega- Pero antes de hacerlo, juraré mi cargo como Jefe Político Superior y Capitán General. Y lo haré aquí, en Veracruz.

Allí mismo, en el puerto jarocho, pocos días después, Don Juan O´Donojú juraba el cargo de Jefe Político Superior y Capitán General de la Nueva España.

Casi de inmediato, entra en contacto con las tropas insurgentes que tienen sitiado el puerto y que están bajo las órdenes del General Antonio López de Santa Anna.

-Deseo una entrevista con Iturbide, pero antes exijo que se me brinden las garantías necesarias.

"Luego dirigió una carta a Iturbide en la que le decía que todo podía arreglarse llevando a efecto el plan que el mismo Iturbide había propuesto al virrey Apodaca, y pidiéndole seguridades para trasladarse a un lugar donde pudiera celebrar el arreglo que tanto deseaba Iturbide"[4].

---

[3] Timothy, Anna E., **El imperio de Iturbide**, Traducción: Adriana Sandoval, Alianza Editorial, 1ª. Edición, México, 1991, página 21.

[4] Esquivel Obregón, Toribio, **Apuntes para la Historia del Derecho en México**, Editorial Porrúa, 2ª. Edición, México, 1984, Tomo II, página 84.

No tardó en llegar la respuesta: La entrevista se llevaría a cabo en Córdoba, ciudad construida al pie de una cordillera y situada a escasos cientos treinta kilómetros de Veracruz.

Ambos llegaron a Córdoba el 23 de agosto. El virrey esperó desde la mañana; en cambio Iturbide se hizo esperar llegando hasta la noche.

En el segundo piso del histórico edificio de Los Portales, en aquel entonces llamado Hotel Zevallos, ubicado en la contra esquina del Palacio Municipal, se encontraron Iturbide y O´Donojú y la primera impresión que éste tuvo fue de sorpresa puesto que -en lugar de toparse con un mestizo de piel aceitunada y bigote ralo- se encontró con un apuesto militar de raza blanca y abultadas patillas cuyo porte y gallardía eran las propias de un peninsular originario de las provincias del norte de España.

Después de intercambiar los protocolarios saludos de rigor, Iturbide fue directamente al meollo del asunto que allí los había reunido:

-Supuestas la buena fe y armonía con que nos conducimos en este negocio, creo que será muy fácil cosa que desatemos el nudo sin romperlo.

"-Sois inteligente, planteasteis muy bien el terreno. No me habéis dejado otro remedio que venir a veros. Consideremos, pues, los intereses recíprocos de ambas Españas. Me parece que el amor que por la Vieja España y el cariño que ahora tengo por los que se han proclamado a sí mismos mexicanos me inspiran dignos deseos que me animan"[5].

La reunión se prolonga varias horas y al final se deciden a firmar unos Tratados que llevarán el nombre de la ciudad que los hospeda: **Tratados de Córdoba.**

Era el 24 de agosto de 1821.

Comentando tan histórico acontecimiento que tuvo lugar hace doscientos años, el historiador Mariano Cuevas, S.J. nos dice que a O´Donojú "ya no le quedaba más camino que el de romper con Iturbide por las malas, ser derrotado, arruinando así a sus compatriotas; o el de aceptar, como se lo proponía Iturbide, el trono para el propio Fernando VII o para sus descendientes, reconociendo una Independencia decente, útil, fácil, agradable y, de todas maneras, necesaria"[6].

Por su parte y complementando lo anterior, William Spence Robertson nos dice lo siguiente:

---

[5] Fernández, Pedro J., **Iturbide, el otro padre de la patria**, Grijalbo, 1ª. Edición, México, 2018, página 230.
[6] Cuevas, S.J., Mariano, **Historia de la Nación Mexicana**, Editorial Porrúa, 3ª. Edición, México, 1967, página 496.

"Iturbide declaró que si O´Donojú hubiera comandado un ejército superior al suyo y hubiera tenido suficientes recursos se podría haber rehusado a firmar el Tratado de Córdoba, basándose en que carecía de autorización de su gobierno. Sin embargo, en vista de la extendida aprobación del plan para la Independencia, incapaz de procurarse información exacta del estado actual de las cosas, ignorante del terreno, encerrado en una ciudad infectada, con un ejército hostil frente a él y las tropas realistas que quedaban comandadas por un presuntuoso oficial, el Jefe Político Superior estaba casi indefenso. El debió firmar el Tratado de Córdoba, declaró Iturbide, o ser mi prisionero o volverse a España: no había más arbitrio"[7].

Una vez firmados los Tratados de Córdoba, era necesario llevarlos a la práctica y fue así como Don Juan O´Donojú se dirigió a la Ciudad de México con el objeto de hacer valer su autoridad ante quienes -al menos de manera nominal- ostentaban el poder en el Virreinato.

Por su parte, Iturbide no tiene tanta prisa por llegar a la Ciudad de los Palacios, prefiere viajar a Puebla, ciudad donde su plan independentista había sido reconocido jubilosamente.

Agustín de Iturbide desea festejar el día de su santo (28 de agosto) precisamente en la Puebla de los Ángeles y es ahí, en el convento de Santa Mónica, donde las monjas agustinas le han preparado una sorpresa.

Aquellas piadosas mujeres desean agasajar al Libertador de México con un platillo elaborado especialmente en su honor.

"Piensan cuidadosamente en la receta y por varias horas se les ve correr por los pasillos del convento, completamente distraídas de sus labores"[8].

Iturbide entra en el convento, la madre superiora le recibe con todos los honores indicándole que ocupe la cabecera de la mesa. Y llega el momento de presentar el tan esperado platillo...

"Lo que le ponen enfrente es algo que no espera: un manjar sumamente raro, pues se trata de un chile poblano, cubierto de una salsa blanca (que olía a nuez de Castilla) y semillas rojas de la granada. Verde, blanco y rojo. Con los cubiertos de plata parte un pedazo: Descubre que el relleno es un guiso de carne de puerco con fruta picada y piñones. Con duda la prueba y en cuanto llega a su paladar, siente una explosión magistral de sabor. Es dulce y ácido, es americano e hispánico, la salsa de nuez o mejor dicho la nogada tiene una sutileza impecable. Todos los sabores se complementan; sin perderse, se hacen uno.

---

[7] Spence Robertson, William, **Iturbide de México**, traducción de Rafael Estrada Sámano, Fondo de Cultura Económica, 2ª. Edición, México, 2012, página 188.
[8] Fernández, Pedro J., **Op. Cit.**, páginas 235 y 236.

"Esto es, piensa Agustín, no sólo un placer de los mismos ángeles, sino también una verdadera representación de México"[9].

"Para ello", nos dice Sebastián Vertí, "usaron los ingredientes de la temporada, pues la cocina es hija del suelo y de la lengua.

"Fue así como las hábiles y dulces manos de las religiosas crearon los chiles poblanos en nogada, que surgieron del más puro espíritu patriótico y nacional"[10].

Momento histórico para la gastronomía mexicana: Aquel 28 de agosto de 1821, fiesta de San Agustín, santo patrono del Libertador de México acababan de nacer los tradicionales, patrióticos y siempre deliciosos **chiles en nogada**.

Entretanto, en la Ciudad de México, las autoridades realistas, encabezadas por el mariscal de campo Francisco Novella, le niegan a O´Donojú facultades para firmar los Tratados de Córdoba.

Sin embargo, ante el alud de adhesiones que está recibiendo Iturbide, así como el hecho de que el Ayuntamiento de México le solicita a Novella que capitule, éste, al ver todo perdido, se resigna ente lo inevitable.

Y es así como, el 7 de septiembre, Iturbide llega a Molino Blanco donde firma un armisticio con Novella.

Pocos días después, el 13 de septiembre, en la Hacienda de La Patera, cerca de la Villa de Guadalupe, se reúnen O´Donojú, Novella e Iturbide para ponerse de acuerdo en la entrega de la Ciudad de México.

Dos días después, el 15 de septiembre, Novella le entrega el mando a Juan O´Donojú.

Y todo culmina el 27 de septiembre cuando, al mando de 16 mil hombres, Iturbide entra en la Ciudad de México en medio de las aclamaciones delirantes de la población.

Cedemos la palabra al historiador Alfonso Junco:

"Todo está engalanado; los colores Trigarantes brillan en las colgaduras de las casas y en los atavíos de las mujeres; la ciudad entera se ha echado a la calle; se agolpa el pueblo al paso del ejército, y aclama en el delirio del júbilo, a su Libertador; rostros y corazones están de fiesta; todos se sienten libres y hermanos, radiantes y como asombrados todavía de que sea realidad el sueño largamente acariciado y tan difícil. Día grande, día puro, día sin sombra, día máximo de la patria. ¡Los que lo vieron nunca lo olvidaron!"[11]

---

[9] **Ibídem.**
[10] Vertí, Sebastián, **Tradiciones mexicanas,** Editorial Diana, 1ª. Edición, México, 1991, página 340.
[11] Junco, Alfonso, **Un siglo de Méjico,** Editorial Jus, 5ª Edición, México, 1963, Páginas 58 y 59.

En poco más de siete meses y sin que se derramase una sola gota de sangre, Agustín de Iturbide había llevado a feliz término la Independencia.

Después de tres siglos de haber formado parte del imperio español, el hasta entonces Reino de la Nueva España se convertía en una nación llamada México, que pasaba a formar parte de los estados libres y soberanos.

Y todo gracias a un genio conciliador de voluntades que respondía al nombre de Agustín de Iturbide.

Como al principio dijimos, hemos empezado por el final o sea por el momento en que México alcanzó el rango de nación independiente.

Ahora bien, si deseamos comprender la magnitud del acontecimiento cuyo Bicentenario se celebra en 2021, preciso será atrasar las manecillas del reloj, volver la vista atrás y analizar las causas que provocaron una serie de hechos históricos que acabaron culminando en tan feliz final.

CAPÍTULO II
LA CAUSA DE LA CAUSA…

Como antes dijimos, necesario será volver la vista hacia el pasado. Retrocedamos, pues, ciento veinte años para situarnos en el otoño de 1700 dentro del Palacio del Buen Retiro de Madrid.

Y es que, aunque algunos se nieguen a reconocerlo, "la causa de la causa, es causa de lo causado".

Cerca de la alcoba donde agoniza Carlos II de España, último monarca de la Casa de Austria, se encuentran su esposa la reina doña Mariana de Neoburgo y el poderoso Cardenal don Luis Manuel Fernández Portocarrero, arzobispo de Toledo y Primado de España.

El purpurado le dirige una mirada despectiva a la reina y, con gesto altanero, penetra en la alcoba real donde, sentado en un sillón acojinado, se encuentra quien, por haber sido siempre enfermizo, todos le conocen como "El Hechizado". Junto a él una religiosa que hace las veces de enfermera.

Más en el mundo de los muertos que en el de los vivos, "El Hechizado" le dirige una mirada lánguida al Cardenal.

-¿Vos aquí, Eminencia? -pregunta con un casi inaudible hilo de voz.

-Os traigo el Testamento para que lo firméis, Majestad.

-¿A quién debo heredar la Corona?

-A don Felipe de Borbón, duque de Anjou.

-El nieto del rey de Francia…

-Y también de vuestra hermana doña María Teresa de Austria.

-Mi hermana…cuanto tiempo sin verla…

-Vuestro heredero, el duque de Anjou, es biznieto de vuestro padre don Felipe IV, de feliz memoria.

-Todo queda en familia- responde el rey con la voz entrecortada.

-Así es Majestad y esto será garantía de que España siga en paz.

Haciendo un esfuerzo mayor al que le permiten sus debilitadas fuerzas y ayudado por la monja que le atiende, el rey moribundo firma otorgando Testamento a favor del nieto del Rey Sol, quien-como antes dijimos- era su cuñado.

Al salir de la alcoba, la reina doña Mariana se encara al Cardenal:

-Lo que habéis hecho es una bajeza, Eminencia. El archiduque don Carlos de Austria tiene mayores derechos al trono español ya que es sobrino de mi esposo por ser hijo de su hermana doña Margarita.

-Pudiera ser...-responde el Cardenal con una sonrisa irónica.

-Además, cuando mi cuñada doña María Teresa contrajo matrimonio con Luis XIV, fue en la Isla de los Faisanes donde renunció a cualquier derecho que tanto ella como alguno de sus descendientes pudieran tener al trono español.

-Pudiera ser, Majestad, pero la realidad es que vuestro augusto esposo, a quien Dios conserve muchos años, así lo ha decidido al firmar su Testamento. Con vuestra venia.

Y se retira dejando a doña Mariana de Neoburgo con un mohín de disgusto reflejado en el rostro.

Muchos años atrás, otro ambicioso purpurado, el Cardenal Mazarino, había movido todos los hilos de la intriga para que el monarca francés (Luis XIV) contrajera matrimonio precisamente con la princesa María Teresa de Austria, hija del entonces poderoso Felipe IV de España.

Todo esto que acabamos de contar ocurría el 2 de octubre del año 1700. Un mes después, el 1 de noviembre, a los 39 años de edad y 36 de reinado, fallecía "El Rey Hechizado".

Con la rapidez propia de aquellos tiempos en que los mensajeros se desplazaban a uña de caballo, el 9 de noviembre, la noticia llega al castillo de Fontainebleau donde se encontraba Luis XIV, "El Rey Sol".

Junto con la noticia, llega también el Testamento del fallecido monarca español.

Luis XIV suspende la jornada de caza y, después de ordenar el protocolario luto oficial, se dirige al Palacio de Versalles.

Rodeado de los miembros más conspicuos de la nobleza francesa, el rey le concede el lugar de honor a un joven de ojos azules y cabellos rubios, que tiene apenas diecisiete años de edad: Felipe, duque de Anjou.

Se dirige a todos los allí presentes y de modo especial a su nieto a quien le dice lo siguiente:

-Sed buen español. Ese es desde este momento vuestro primer deber; pero acordaos siempre de que habéis nacido francés.

Luis XIV podía respirar tranquilo puesto que su odiado enemigo el Archiduque Carlos de Austria, jamás habría de sentarse en el trono español. Ya no había peligro de que potencias hostiles a Francia rodeasen sus fronteras.

Sin embargo, no todo habría de ser un camino de rosas puesto que las potencias europeas inconformes desencadenaron una guerra que duró trece largos años, que finalizó en 1713 con el Tratado de Utrecht y que a España le significó la pérdida de Gibraltar.

Los días se suceden rápidamente formando semanas y éstas formando meses...

El duque de Anjou emprende su viaje, atraviesa gran parte del territorio español hasta culminar en la solemne ceremonia que se lleva a cabo en el madrileño templo de San Jerónimo el Real -popularmente conocido como "iglesia de los jerónimos"- en donde aquel rubio mozalbete de ojos azules es proclamado monarca con el título de Felipe V.

"Puede decirse que, en este febrero de 1701", escribe Juan Antonio Cabezas, "España estrena año, siglo y dinastía con la instalación en el palacio del Buen Retiro del joven francés, que ya ha dejado de ser el duque de Anjou, para convertirse en rey de España"[12].

Una vez proclamado el nuevo monarca, el Cardenal Portocarrero, no deseando correr riesgos, dispone que la reina viuda, con todos los honores que su alta investidura merece, sea recluida en el Alcázar de Toledo.

Sí, con todos los honores, pero recluida.

Es así como jugaba sus cartas un alto dignatario eclesiástico que, más que como piadoso Príncipe de la Iglesia, se comportaba como mundano príncipe renacentista.

Como arzobispo que fue de Toledo, todo hace suponer que las cenizas de este purpurado reposen en algún lugar de la catedral toledana.

Quien esto escribe ignora en qué lugar exacto se encuentran.

Ahora bien, quien visite la catedral de Toledo podrá observar cómo, en el techo de una de las naves principales, cuelgan varios capelos cardenalicios y que, por estar fuertemente atados, es casi imposible que se desprendan.

Los guías que van dando detalles de cada rincón del grandioso templo, con singular gracejo, suelen decirles a los turistas que allí se encuentran y que no paran de tomar fotografías:

-Existe un dicho muy viejo que vale la pena que conozcan: **"Cada vez que un capelo cae al suelo, el alma de un cardenal sube al cielo"**.

Ambas noticias (fallecimiento de Carlos II y entronización de Felipe V) fueron muy pronto conocidas en el resto de Europa, cruzan el Atlántico y llegaron también hasta los dominios españoles de ultramar.

"El domingo 6 de marzo de 1701", nos dice Francisco R. Calderón, "llegó a México un correo procedente de Veracruz con la nueva de que había entrado al puerto un barco empavesado de negro, con gallardetes y banderas

---

[12] Cabezas, Juan Antonio, **La cara íntima de los Borbones**, Editorial San Martín, 1ª Edición, Madrid, 1979, página 29.

del mismo color, disparando cada media hora un cañonazo en demostración de duelo por la muerte del Rey Carlos II, cuya noticia traía; había dejado como heredero a Felipe, duque de Anjou, nieto de Luis XIV, rey de Francia. Concluía así el reinado de los monarcas de la Casa de Austria y comenzaba el de la dinastía de los Borbones.

....

"A la semana siguiente se celebraron los solemnes funerales y el virrey recibió el pésame de la Real Audiencia, del arzobispo con su cabildo, del cabildo de la ciudad, de los Tribunales, de la Universidad y de todos los ministros de la Iglesia. Quizá ninguno de los dolientes se percató que estaban de duelo, no sólo por el fallecimiento de un rey y de una dinastía, sino por la muerte de toda una época"[13].

Al tratar acerca de cómo era la vida en la Nueva España durante la primera mitad del siglo XVIII, habrá que tomar en cuenta que las grandes transformaciones sociales no se dan con la exactitud de un reloj, o sea exactamente cuando se inicia un año, una década o un siglo.

A pesar de que es justo en el año 1700 cuando se inicia no solamente el siglo XVIII sino con él la Dinastía de los Borbones, las pautas de comportamiento de la Casa Real y altos miembros de la nobleza van a ser diametralmente opuestas a las de sus antecesores.

Con la llegada de los Borbones se inicia en España y sus dominios la época del Despotismo Ilustrado, un modo de gobernar según el cual el monarca ya no apoya su autoridad en el hecho de considerarse un humilde representante de Dios, ante Quien habrá de rendir cuentas; más bien es la época en la cual el monarca se endiosa, cree que su poder es absoluto y se olvida de sus responsabilidades para con sus gobernados.

Cedemos la palabra a Salvador de Madariaga:

"El déspota ilustrado es, en efecto, al verdadero estadista lo que la peluca es al cabello. Nadie discute que la peluca resulta mucho más perfecta que el cuidadoso peinado, pero no tiene raíces, no vive. Así la filosofía política de muchos de aquellos hombres del siglo XVIII. Les faltaban las raíces"[14].

El caso es que, bajo una dinastía que imitaba todo lo que venía de Francia, muy pronto las costumbres empezaron a corromperse y, junto con dicha corrupción, se dio también un cambio de mentalidad.

---

[13] Calderón, Francisco R., **Historia económica de la Nueva España en tiempo de los Austrias**, Fondo de Cultura Económica, 1ª Edición, México, 1988, página 630.

[14] De Madariaga, Salvador, **El auge y el ocaso del imperio español en América**, Espasa-Calpe, 2ª Edición, Madrid, 1979, página 227.

Comentando este cambio de mentalidad, Toribio Esquivel Obregón nos dice que, en un principio, "la mujer española no estaba dispuesta tampoco a adoptar el libertinaje de Versalles. Hubo necesidad de proceder gradualmente a corromperla, según el plan masónico, y el mismo conde de Aranda, fue activísimo en introducir fiestas nocturnas en los jardines públicos y bailes de máscaras, fomentados entusiásticamente por Carlos III, quien, sin embargo, prohibía a sus hijos tomar parte en tales entretenimientos.

......

"De esta manera se preparaban los ánimos; la moda hizo que se admirara la corrupción en Versalles, tomándola como progreso, y se despreciara el propio recato como retardatario"[15].

Dentro del párrafo que acabamos de citar, de manera muy especial, nos llama la atención que la corrupción de la mujer española se llevara a cabo **"según el plan masónico"**, lo cual significa que no fue un movimiento popular espontáneo que se diera por simple afán de imitar lo que llegaba desde más allá de los Pirineos.

Es aquí donde entra en escena un nuevo elemento que, a partir de ahora, será el personaje principal del drama que habrá de representarse en ambas orillas del Atlántico: **La Masonería,** una misteriosa organización secreta de la cual todo mundo habla pero que muy pocos conocen en realidad.

"Siendo la masonería, como es, una sociedad secreta, es natural que no se conozcan con certeza sus orígenes históricos, porque los ocultan con sumo cuidado y no se sabe, en gran parte, sino lo que los mismos masones han dado a conocer"[16].

Sin embargo, como organización visible, expertos en el tema coinciden en afirmar que nació en Londres el 24 de junio de 1717.

Muy pronto los masones ingleses se establecen en las colonias de Norteamérica en tanto que otros entran en España aprovechando que Gibraltar es colonia dependiente de la Gran Bretaña.

Afirmaciones que no han podido ser comprobadas sostienes que Madrid la cual, según esto, sería la primera en toda España.

Complementando lo anterior, nos dice el historiador Mariano Cuevas, S.J.:

"Desde que España se borbonizó, entraron en aquella cristianísima nación los gérmenes de males inmensos que aún hoy no acaba de sacudir.

---

[15] Esquivel Obregón, Toribio, **Apuntes para la historia del Derecho en México,** Editorial Porrúa, 2ª Edición, México, 1984, Tomo II, páginas 50 y 51.
[16] Navarrete, Félix, **La Masonería en la Historia y en las Leyes de México,** Editorial Jus, 2ª Edición, México, 1962, página 9.

....

"...la corrupción de las costumbres en la corte, la expulsión de los confesores del rey...preparó el terreno para que rápidamente cundiese entre la corte y entre los militares la Masonería importada de Inglaterra"[17].

Antes de seguir adelante, volvamos a la esencia del tema: ¿Qué es y que pretende la Masonería?

Hablar de la Masonería suele ser algo extenso e impreciso puesto que el tema nos remite a un mundo de tinieblas y misterios debido a que la naturaleza misma de dicha organización -secreta y por grados- hace que sea desconocida incluso por la gran mayoría de sus miembros.

Sin embargo, a pesar del misterio que la envuelve, algunos de los elementos que la caracterizan parecen ser los siguientes:

1) La Masonería comprende una serie de sectas que, afianzadas por lazos de hermandad y protegidas por secretos inviolables, colaboran estrechamente entre sí.

2) Su fin principal es la destrucción de todo orden religioso y civil establecido por el cristianismo.

3) Procura extinguir todas las manifestaciones de la religión revelada, se apoya fuertemente en la razón y fomenta el indiferentismo religioso.

4) Reduce el matrimonio a un simple contrato sujeto tan sólo a la autoridad civil, que se puede disolver por voluntad de las partes.

5) Sostiene que el Estado debe controlar la educación de la niñez y juventud para orientarlos según sus tendencias contrarias a la fe religiosa.

6) En lo que a política se refiere, plantea que el pueblo es la fuente del Derecho, niega toda autoridad que no sea puramente humana y fomenta el ateísmo del Estado.

7) La Masonería procura que sea el Estado quien controle a la Iglesia.

8) Oculta sus finalidades más íntimas en sus miembros de los primeros grados, exigiéndoles a éstos una obediencia ciega e incondicional a sus jefes y maestros.

Los ocho elementos que acabamos de mencionar traen dos consecuencias que, al transformar al individuo, alteran por completo el orden social:

• Se logra separar la Religión de la moral individual, familiar y social para reemplazarla por la simple exaltación de los derechos del hombre.

---

[17] Cuevas, S.J., Mariano, **Historia de la Iglesia en México,** Editorial Patria, 5ª Edición, México, 1947, Tomo IV, páginas 449 y 450.

ITURBIDE Y EL BICENTENARIO

- Se convierte al hombre en su propio dios.

De este modo, al transformarse el hombre en todo un dios, resulta lógico que -presa de la soberbia- ese mismo hombre menosprecie a sus semejantes viéndose tentado a no respetar sus derechos.

Al no existir normas morales que -emanadas de la Religión- regulen la convivencia social, se abren las puertas a las peores injusticias lo cual trae como resultado que el fuerte abuse del débil.

Se fomenta la libertad llevada a los extremos -he aquí la médula del Liberalismo- con lo cual todo, absolutamente todo, puede ocurrir.

En lo sucesivo, que nadie se extrañe de que los patrones exploten a los obreros, de que tipos irresponsables abandonen a sus familias, de que los jóvenes se rebelen contra la autoridad paterna, de que se incumplan los deberes cívicos, etc. En una palabra, que cada quien haga lo que le venga en gana.

En esto consiste el Liberalismo, corriente filosófica que el Papa León XIII definió como "la más perversa de las doctrinas" y que es creada, alimentada y difundida por la Masonería.

"Disfrazada con máscara de filantropía", nos dice P.A. Hillaire, "esta sociedad tenebrosa es el punto de reunión de todas las impiedades.
....
"Esta sociedad secreta, organizada bajo la dirección de jefes ocultos, tiene por fin la destrucción de la Iglesia, de la familia, de la sociedad cristiana, para fundar una nueva sociedad sobre los principios del naturalismo"[18].

Muy pronto el proselitismo y misterio que rodean a los afiliados a la secta llamaron la atención de la gente y de modo muy especial del Padre Rábago, confesor del rey Fernando VI, quien le advirtió al monarca que "este negocio de los francmasones no es cosa de burla o bagatela, sino de gravísima importancia...Casi todas las herejías han comenzado por juntas y conventículos secretos".

Y concluía su advertencia con una profecía que -como más adelante veremos- se cumplió al pie de la letra: "Debajo de estas apariencias ridículas se oculta tanto fuego que puede, cuando reviente, abrasar a Europa y trastornas la religión y el Estado"

José María Pemán, uno de los más brillantes humanistas españoles del siglo XX, nos dice al respecto:

"Esto que olfateaba el padre Rábago, era lo mismo que olfateaba confusamente el pueblo español. Sabía que algo malo y destructor se estaba

---

[18] Hillaire, P.A., **La religión demostrada,** Traducción: Agustín Piaggio, Latino Americana México, 1ª Edición, México, 1964, página 388.

metiendo en España: sino que no sabía bien lo que era y acababa recelando de los trajes que quería suprimir Esquilache, o del agua que traían los ingenieros herejes. Hacían como el buen perro fiel del cortijo, que ladra a las sombras que se mueven. Advertía un peligro sin saber cuál fuera"[19].

"No habían pasado más que veintiún años desde el nacimiento de la Masonería cuando con bastante conocimiento de causa la Iglesia condenaba a la nueva secta. La primera de dichas condenas se debe a Clemente XII, que mediante la bula "**In eminenti**", de 1738, prohíbe a los católicos ingresar a la secta"[20].

Por su parte, Ángel María de Lera, novelista simpatizante de la Masonería, nos dice que "la Iglesia, más sabia por más vieja, más sensible y cauta por su secular experiencia de cismas y herejías presintió antes que los príncipes, las consecuencias que podían derivarse de la utopía masónica, y puso pronto en línea de combate a toda su artillería pesada para combatirla"[21].

De las ideas nacen los hechos y si esas ideas eran las de un naturalismo que desemboca en un ateísmo militante, ya podemos anticipar las consecuencias: Conforme estos grupos secretos vayan teniendo mayor poder e influencia, necesariamente, habrán de llevar a la práctica sus doctrinas.

Y si en el siglo XVIII los principales obstáculos con que se topaba la Masonería eran tanto la Monarquía como la Iglesia Católica, contra ambas había que enfilar sus baterías.

El Padre Rafael Faría nos dice que "los medios principales de que la Masonería se vale para llegar a la consecución de sus fines perversos son los siguientes:

1) Apoderarse del poder supremo en las diversas naciones, fomentando en secreto las revueltas públicas si fuere necesario. De ello hay muchos ejemplos en la Historia.

2) Fomentar la inmoralidad por medio de libros, revistas, grabados y cine obscenos. He aquí una confesión hecha por un francmasón: "El mejor puñal para herir a la Iglesia en medio del corazón es la corrupción. Haced cuerpos viciosos y se acabarán los católicos.

[19] Pemán, José María, **La historia de España contada con sencillez,** Homo Legens, 1ª Edición, Madrid, 2009, página 346.
[20] Bárcena, Alberto, **Iglesia y Masonería. Las dos ciudades,** Ediciones San Román, 1ª Edición, Madrid, 2016, página 57.
[21] De Lera, Ángel María, **La Masonería que vuelve,** Planeta. 4ª Edición, Barcelona, 1981, página 71.

3) Descristianizar la familia por medio del matrimonio civil y del divorcio; y sustraer a los niños de la influencia educadora de sus padres para educarlos en escuelas laicas"[22].

Ya sea por medio de modas que primero eran atrevidas y que luego se volvieron descaradamente indecentes; ya sea por medio de libros que difundían ideas contrarias a la fe católica; ya sea por estilos artísticos que iban enfriando la devoción popular, el caso es que la mentalidad de la gente fue cambiando de un modo paulatino.

Con sobrada razón el prolífico escritor Carlos Alvear Acevedo sostiene que "nada impide afirmar, objetivamente, que la tarea de la Masonería se ha traducido, social y políticamente, en la descatolización de muchos pueblos a través de la Historia"[23].

Todos estos cambios, frutos de la influencia masónica, que se iban dando en Europa -España incluida- no tardaron en cruzar el Atlántico y llegar a la Nueva España.

A principios del siglo XVIII -justo cuando se inicia la Dinastía de los Borbones- en el Virreinato de la Nueva España se respiraba un ambiente de paz, progreso y armonía dentro del cual florecían las más altas inspiraciones del talento humano.

Una paz que no era la paz de los sepulcros impuesta por las bayonetas de cualquier dictador bananero, sino más bien producto de un orden que reinaba en todos los estamentos de la sociedad.

Una paz social que habrá de darse siempre y en todo lugar a condición de que se reconozcan y respeten los derechos de la persona humana.

Esa persona que forma parte de una familia que, a su vez, da vida a una serie de cuerpos intermedios que son el puente natural entre el individuo y el Estado.

En el momento en que se respeta a la persona, a la familia y a esas instituciones intermedias (Ej. El municipio), en ese momento, todo funciona como un reloj y la consecuencia natural será un orden basado no en el miedo sino en la justicia.

El pueblo se sentía bien gobernado al ver como sus autoridades se consideraban simples delegados de la voluntad de Dios ante Quien algún día habrían de rendir cuentas.

---

[22] Faría, Rafael, **Curso superior de religión,** Voluntad, 12ª Edición, Bogotá, 1963, página 656.

[23] Alvear Acevedo, Carlos, **Corrientes sociales y políticas**, Editorial Tradición, 1ª Edición, México, 1973, página 66.

Ese ambiente de orden social cristiano fue el que se dio en la Nueva España durante los siglos XVI, XVII y más de la mitad del XVIII.

Nación y Estado marchaban de la mano cual, si se tratase de un matrimonio que, en perfecta armonía, busca la mutua felicidad, el progreso doméstico y la recta formación de sus hijos.

Mas he aquí como, de improviso, todo cambió…

Será en la segunda mitad del siglo XVIII, concretamente en el año 1767, cuando un brutal acontecimiento venga a transformar todo el orden establecido.

Con el objeto de mejor entender lo que está a punto de ocurrir, preciso será que regresemos a le península y veamos qué es lo que está ocurriendo en la Corte del rey Carlos III.

Ya para entonces la Masonería se había propagado ocupando puestos de gran influencia dentro del gobierno español, siendo uno de sus personajes más poderosos don Pedro Pablo Abarca de Bolea, más conocido como el Conde de Aranda.

Congruente con su finalidad de conseguir la destrucción de la Iglesia Católica y, al ver como el principal obstáculo que tenía enfrente era la Compañía de Jesús, la Masonería enfiló todas sus baterías en contra de dicha orden religiosa.

Los miembros de la Compañía de Jesús (popularmente conocidos como Jesuitas) se caracterizan por un estilo que les hace ser contemplativos en la acción o sea que no se conforman con estar orando ante el Santísimo o cantando en el coro, sino que, buscando siempre la "mayor gloria de Dios", salen al mundo a dar la batalla.

Los jesuitas (fundados por San Ignacio de Loyola en septiembre de 1540) son toda una milicia espiritual e intelectual bajo las órdenes del Papa.

Los jesuitas son religiosos con un agudo sentido práctico que preparan a sus hombres en las diversas disciplinas del saber, procurando ser siempre los mejores en cada una de ellas.

Como es fácil entender, una orden religiosa con tales características resultaba incómoda a una Masonería que, desde las sombras, pretendía imponer un desorden anticristiano.

No obstante, debemos darle su justo valor al historiador liberal Martín Quirarte cuya visión nos amplía el panorama del momento histórico que estamos analizando:

"Los enemigos de los jesuitas se reclutaban no sólo entre los partidarios de la Filosofía de las Luces. Aun entre los miembros del clero secular y regular, no faltaba quien no ocultara su inquina contra los miembros de la Casa de Loyola.

.....

"Mas si ejercían una influencia sobre la aristocracia de su tiempo, no por eso abandonaban la dirección de las clases populares y supieron dar un poderoso impulso a la obra misional, despertando el celo de las otras órdenes religiosas. Se les acusaba de justificar el tiranicidio y se decía que eran culpables de tenebrosas maquinaciones. Pero la razón fundamental por la cual se les combatía duramente, era por su marcada intransigencia frente a las ideas modernas"[24].

Después de una serie de intrigas que no tiene caso narrar con lujo de detalles, el Conde de Aranda logra convencer a un piadoso pero timorato Carlos III para que ordene que los jesuitas sean expulsados de todos los territorios que forman parte del imperio español.

En la Nueva España, los jesuitas son expulsados el 25 de junio de 1767, fiesta del Sagrado Corazón de Jesús, que es la devoción principal de la orden fundada por San Ignacio de Loyola.

Y, como dato digno de meditarse, son expulsados de la Nueva España justo en la fecha en que se cumplía medio siglo de que la Masonería había sido fundada en Londres.

Son expulsados 678 jesuitas de la Nueva España, lo cual provoca el unánime repudio de la sociedad, repudio que alcanza su clímax cuando el entonces virrey Marqués de Croix afirmó insolentemente que los súbditos

---

[24] Quirarte, Martín, **Visión panorámica de la Historia de México,** Librería Porrúa Hermanos y Cía., 4ª Edición, México, 1974, página 34.

nacieron para "callar y obedecer y no para discutir ni opinar en los graves asuntos del gobierno".

Marcelino Menéndez y Pelayo comenta tan brutal decisión con las siguientes frases: "Nada queda sin castigo en este mundo ni en el otro; y sobre los pueblos que matan la luz del saber y reniegan de sus tradiciones científicas manda Dios tinieblas visibles y palpables de ignorancia"[25].

A partir de entonces, y como fruto de las "**tinieblas visibles y palpables de ignorancia**", consecuencia de la expulsión de los jesuitas, la juventud marcha a la deriva y sin guía que la oriente en lo moral, en lo doctrinal y en lo científico. Una juventud inquieta con ansias de saber y de cambiar al mundo.

Una juventud que llenará el vacío dejado tras la expulsión con las ideas de los librepensadores de la Revolución Francesa que, dicho sea de paso, eran militantes activos de las logias masónicas.

Sin embargo, aparte de la desorientación científica, doctrinal y moral que va a sufrir la juventud novohispana, se va a dar otra circunstancia que va a ser decisiva en los acontecimientos que se darán pocos años después. Cedemos la palabra al prestigioso historiador Manuel Ignacio Pérez Alonso, S. J.:

"Resumiendo: La expulsión de los jesuitas liberó los sentimientos reprimidos de muchos de los mexicanos que no permanecieron insensibles ante el extrañamiento y en los propios jesuitas desterrados, por la añoranza de la patria, acentuó el amor de México que es patria porque los vio nacer, porque encierra todo lo que hay de querido para ellos en el mundo, porque es síntesis de una nacionalidad de la que están orgullosos. Esta reacción en los ánimos de los que aquí quedaron con el de los jesuitas desterrados engendró lo que he llamado la conciencia de la nacionalidad. No era la independencia de México, pero era el camino, el puente necesario y previo para llegar a la plena aceptación de las ideas independentistas de los insurgentes"[26].

Complementando al autor citado, resulta oportuno mencionar como, hacia mediados del siglo XVIII, en la Nueva España existía ya un sentimiento de nacionalidad que hacía que sus habitantes se sintieran diferentes de quienes habitaban en la península ibérica o en otras partes del Mundo Hispánico.

---

[25] Menéndez y Pelayo, Marcelino, **Historia de los heterodoxos españoles,** Biblioteca de Autores Cristianos, 1ª Edición, Madrid, 1956, Tomo II, página 508.
[26] Pérez Alonso, S. J., Manuel Ignacio, **La Compañía de Jesús en México, Cuatro siglos de labor cultural (1572-1972),** Editorial Jus, 1ª Edición, México, 1975. página 462.

Es a partir de esa época cuando el criollo se manifiesta más como mexicano que como español y el mejor ejemplo lo tenemos en el Padre Francisco Javier Clavijero -uno de los jesuitas expulsados- quien, desde su destierro en Italia, les imprime a sus obras ese profundo sello nacionalista del cual participan ya la mayoría de los habitantes de estas tierras.

Refiriéndose a la conciencia de mexicanidad que poseían los desterrados, Ernesto de la Torre Villar nos dice que "a falta de un pabellón que revelara su nacionalidad, su sentimiento nacionalista, los jesuitas enarbolan la imagen guadalupana no sólo como demostración de fe, sino como símbolo de su origen"[27].

La juventud de la Nueva España, como antes dijimos, quedó a la deriva y con un gran vacío dentro del alma. Un gran vacío que muy pronto llenará con las obras publicadas por los librepensadores de la Revolución Francesa.

"Quien siembra vientos cosecha tempestades" y ni duda cabe que el divorcio entre pueblo y gobernantes desembocaron en la sangrienta Revolución Francesa de 1789 que le costaron el Trono y la cabeza a Luis XVI.

Se acababa de instaurar un nuevo orden de corte masónico y el ejemplo de lo ocurrido en Francia muy pronto habría de ser imitado en otras latitudes, especialmente en el hecho de que el pueblo se sintiera con derecho a derrocar a cualquier gobernante sin importar que dicho gobernante fuese bueno o malo.

A partir de la Revolución Francesa y no habiendo ya jesuitas dentro de los dominios españoles, las obras de los pensadores franceses de la Ilustración empezaron a circular con mayor facilidad lo cual contribuyó a un rápido cambio de mentalidad.

"Cuando de pronto, desde la misma España del cetro y de la cruz, desde aquel Rey que era heredero de los Reyes Católicos, llegó a las Indias la prueba tangible de filosofía volteriana: "Fuera jesuitas", aquel día el Rey de España desató con sus propias manos el lazo más fuerte que unía a su Corona con los reinos de ultramar"[28].

Coincidiendo casi con la expulsión de los jesuitas, se funda en la Ciudad de México la Academia de San Carlos, inspirada en el más puro estilo Neoclásico y cuya finalidad primordial no fue otra que la de acabar con ese estilo tan mexicano que es el Barroco.

---

[27] De la Torre Villar, Ernesto, **En torno al guadalupanismo**, Miguel Ángel Porrúa, 1ª Edición, México, 1985, página 105.
[28] De Madariaga, Salvador, **Óp. Cit.,** página 595.

Será a fines del siglo XVIII cuando el Neoclásico se consolide en la Nueva España y consecuencia de dicha consolidación haya sido que se perdiesen para siempre esos bellísimos altares y retablos barrocos que muy pronto fueron sustituidos por las frías columnas doradas que recordaban las épocas grecolatinas.

El nuevo orden que se estaba imponiendo desde las penumbras de las logias promovía un renacer del arte pagano.

Cedemos la palabra al historiador Fernando Benítez: "Con los retablos y altares destruidos de todas las ciudades se fue también el modo religioso de adorar a Dios.

…..

"Como por arte de magia cambió el interior de las iglesias y nadie se imaginó una disminución sensible de la religiosidad de las fiestas, porque no se sabía que una cosa es adorar a Dios entre los oros centelleantes de un cielo glorioso y otra adorarlo rodeados de una frialdad sepulcral donde se apaga la pasión religiosa"[29].

Como es de suponer, el fervor de los fieles va poco a poco enfriándose puesto que el ambiente que les rodea dentro del templo -desnudo y geométrico- le incitan a ver la religión de un modo racional, lo cual propicia que vaya cambiando la mentalidad popular.

Frialdad, racionalismo, modas extrañas y a veces inmorales, lecturas que todo lo ponen en tela de juicio, divorcio entre el pueblo y las autoridades son algunos de los factores que explican el que, a fines del siglo XVIII, la Nueva España sea un país muy diferente al que existía medio siglo atrás.

Y todo por unas pautas de comportamiento que llegaban desde una Francia descristianizad a la cual admiraban los monarcas españoles de la Casa de Borbón.

La Dinastía de los Borbones que -como al principio dijimos- se había asentado en España gracias a las intrigas de un clérigo mundano, el Cardenal Luis Manuel Fernández de Portocarrero, que en todo momento se había comportado como servil ejecutor de las instrucciones dadas por un ambicioso monarca francés: Luis XIV, El Rey Sol.

La causa de la causa es causa de lo causado.

.

---

[29] Benítez, Fernando, **El libro de los desastres**, Ediciones Era, 1ª Edición, México, 1988, páginas 41 y 42.

CAPÍTULO III
SUENAN TAMBORES DE GUERRA

¿Qué vientos soplaban en la tranquila Nueva España durante los últimos años del siglo XVIII y primeros del siglo XIX?

Ya los jesuitas se han ido, ya los criollos -futura clase dirigente- se han quedado sin educadores que los formen en virtudes, ya el Arte Neoclásico se ha encargado de ir enfriando la piedad popular, ya las nuevas ideas entran con mayor facilidad por medio de libros que llegan clandestinamente, ya los reyes de España han dejado de ver a estos territorios como reinos para mas bien verlos como colonias a las que hay que exprimir con altísimos impuestos...

Ya, para decirlo de un modo más simple, todo ha cambiado.

Y, por si lo anterior no bastase, entra en juego un nuevo elemento que habrá de ser decisivo: A fines del siglo XVIII, entre los habitantes de la Nueva España existe ya lo que se conoce como **"sentimiento de nacionalidad"**, o sea la cabal conciencia de que éste es un país propio y diferente de la Metrópoli.

Pedimos al doctor Jorge López Moctezuma, ilustre egresado de La Sorbona, que nos ayude a dilucidar dicha cuestión:

"En el México del siglo XVIII ¿Había ya conciencia de nación? ....En México ya hubo conciencia de nación y los que fueron claramente conscientes de ello fueron los que yo llamo grandes jesuitas, en concreto los ilustres veracruzanos Alegre y Clavigero. Ellos se dieron cuenta de una manera inequívoca que México ya no era España, pero que tampoco era Tenochtitlán, es otra cosa. Una síntesis si ustedes quieren, pero es una cosa nueva. Veían que eran miembros de una nueva realidad, lo que todavía no llamaban México. El nombre de México lo vinieron encontrando hasta Iturbide, cuando se habla de la Independencia del Imperio mexicano......Sin embargo, ya son conscientes de una nueva realidad, de un país que les gusta, que lo quieren, les parece precioso, es bello. Es el criollo que está enamorado de su propio país"[30]

Resumiendo todo lo anterior, sacaron la siguiente conclusión: El criollo,

---

[30] López Moctezuma, Jorge, **"Hispanoamérica ante la incertidumbre de la Independencia"**, Conferencia sustentada en el II Congreso Interamericano de Historia del Medio Milenio en América organizado por FUNDICE durante los días 27, 28 y 29 de octubre de 1988.

a pesar de llevar sangre española en sus venas, no se siente español sino más bien mexicano.

Ahora bien, uno de los frutos de este novedoso sentimiento de nacionalidad se va a dar en lo que se conoce como la pugna entre criollos y gachupines o sea las diferencias, rivalidades e incluso enfrentamientos físicos entre los hijos de españoles nacidos en estas tierras y los emigrantes españoles procedentes de la península.

Ambos grupos tienen una manera diferente y aún opuesta de ver las cosas, y, por si esto no bastara, el hecho de que la Corona prefiriese a los peninsulares para ocupar los principales cargos dentro de la administración pública e incluso dentro de la Jerarquía Eclesiástica, lo que hizo fue contribuir a que dichas diferencias se hicieran insalvables.

Justo es decir que tal sentimiento de nacionalidad -que surgiría tarde o temprano- se acentuó debido al absolutismo de un monarca extranjero que exprimía estos reinos y que cometía la arbitrariedad de expulsar de su patria a 678 educadores jesuitas cuya mayoría ya eran mexicanos.

Resulta significativo que los virreyes que llegaron en aquellos años a la Nueva España fuesen tipos corruptos y mediocres como fueron los casos de un Branciforte o de un Marquina.

Tal parece que desde la Corte la preocupación primordial no era tanto gobernar con acierto, sino más bien hacer impopular un sistema que, durante más de dos siglos, había funcionado de manera ejemplar.

Es aquí donde surgen las dudas: ¿Tales decisiones eran debido a la corta inteligencia de torpes monarcas como un Carlos III o un Carlos IV?

O más bien -y aquí podría estar la explicación- ¿Se trataba de un plan meticulosamente elaborado en las logias masónicas con el fin de acelerar la desintegración de un imperio donde antaño jamás se ponía el sol?

Como podemos observar, los trágicos acontecimientos que habrán de darse en los años siguientes no se dieron de manera espontánea, sino que fueron el resultado de una serie de factores que, al igual que pequeños riachuelos, van deslizándose hasta convertirse en afluentes de un caudaloso río que, una vez que se haya transformado en cascada, habrá de precipitarse con violencia desde las alturas.

El terreno está minado. Tan sólo falta una chispa que provoque el incendio causando la explosión que haga saltar al viejo régimen en mil pedazos.

Abandonemos por unos momentos la Nueva España, crucemos el Atlántico y viajemos hasta la Metrópoli en donde los acontecimientos que están a punto de producirse serán la causa inmediata de la tragedia que habrá de representarse sobre el escenario mexicano.

En el año 1808, Napoleón Bonaparte, quien es dueño ya de media Europa, decide apoderarse también de la otra mitad y para ello nada mejor que someter España pues, cayendo esta nación bajo su dominio, automáticamente, caerán también las provincias de ultramar.

El pretexto que tomó Napoleón para invadir España fue que necesitaba atacar Portugal, nación aliada de Inglaterra y, por lo tanto, enemiga suya.

Desde luego que el astuto Napoleón supo ocultar sus verdaderas intenciones y fue así como un ejército francés, bajo las órdenes del mariscal Junot, atravesó el territorio francés conquistando Portugal.

Poco después, nuevas tropas francesas, comandadas por Joaquín Murat - cuñado de Napoleón- atraviesan la frontera avanzando pacíficamente hasta el centro del país.

Estaba todo muy claro. No había dudas de que Napoleón pretendía no solamente dominar Portugal sino también España.

Manuel Godoy, ministro del rey Carlos IV, temiendo que Bonaparte pudiera llevar a cabo su propósito, intentó sacar de España a la familia real para llevarla a tierras de América, concretamente a la Nueva España.

Existía ya un precedente puesto que, hallándose en las mismas circunstancias, la familia real portuguesa había huido con destino a su colonia del Brasil.

No obstante, Godoy no pudo llevar a cabo sus planes debido a que, en el mes de marzo de 1808, estallaron protestas en Aranjuez que acabaron costándole el puesto.

Carlos IV abdicó y fue proclamado rey su hijo quien tomó el nombre de Fernando VII. El flamante monarca llegó a Madrid y allí se encuentra con la novedad de quien manda en realidad es Joaquín Murat.

Empiezan las desavenencias entre los miembros de la familia real. Padre e hijo (o sea Carlos IV y Fernando VII) no se entienden, marchan a Bayona y allí le piden a Napoleón que sea el árbitro que resuelva sus diferencias.

"La dinastía española había ido bajando peldaño a peldaño, desde los tiempos de Carlos el Hechizado, último Habsburgo en el Trono, hasta los de otro Carlos, Borbón, igualmente hechizado y más vil y estúpido todavía. Napoleón lo sabía todo: la omnipotencia del favorito, el desenfreno de María Luisa, la estupidez de Carlos, la ambición de Fernando, la debilidad de la nobleza y el descontento de todos. Lo que Napoleón no sabía era que el pueblo español tenía las cualidades contrarias a los vicios de sus representantes; lo que no sabía era que el pueblo español nunca necesitó del rey para hacer proezas, ni para extender el imperio, ni para afianzar su bandera en tantos lugares…Napoleón conocía a los reyes de España y pensó que ellos eran España, y este error le costó caro"[31]

Napoleón decide que Fernando VII le devuelva la corona a su padre, éste lo hace, Carlos IV la acepta y, sumisamente, se la cede a Napoleón quien se la pasa a su hermano José quien, de este modo, acabó convirtiéndose en el

---

[31] Mena, Mario, **El Dragón de Fierro. Biografía de Agustín de Iturbide,** Editorial Jus, 1ª Edición, México, 1969, página 12.

nuevo rey de España.

Con el deseo de que mejor se entienda lo que habrá de venir a continuación, citamos a Carlos Alvear Acevedo:

"Algunos individuos del mundo oficial español aceptaron lo anterior; pero el pueblo, indignado, se sublevó contra los franceses el 2 de mayo de 1808, iniciándose así una nueva guerra de reconquista...

....

"Lo curioso es que mientras el pueblo español luchaba, Fernando VII les pedía a sus súbditos "mantenerse tranquilos, esperando su felicidad de las sabias disposiciones del Emperador Napoleón"[32]

Observamos claramente un divorcio entre el pueblo y sus monarcas.

Los reyes se muestran como tipejos abyectos que en todo momento desprecian la voluntad popular.

En cambio, el pueblo se muestra como digno heredero de aquellos grandes héroes que en otros tiempos cubrieron de gloria las páginas de la historia de España.

A quienes de manera ágil, didáctica y apasionante deseen conocer los acontecimientos que se dieron durante aquellos tiempos, les recomendamos leer los "**Episodios Nacionales**" cuyo autor es ese gran novelista llamado Benito Pérez Galdós.

"Galdós opera aquí, no como poeta, sino como historiador. Su modo de historiar no es el interpretativo sino el descriptivo. No inventa más que lo indispensable; prefiere documentarse. Podrá dudarse de la autenticidad humana de sus personajes, pero no de la veracidad histórica de sus datos"[33]

Vale la pena leer a dicho autor y, al hacerlo, disfrutar del peculiar gracejo que utiliza para pintar con vivos colores la mentalidad del madrileño de aquellos tiempos. Citamos textualmente:

"Lo que pasa en España, ¿qué es? Es que el reino ha tenido voluntad de hacer una cosa y la está haciendo, contra el parecer del rey y del emperador. Hace un mes había en Aranjuez un mal ministro, sostenido por un rey bobo, y ustedes dijeron: "No queremos ese ministro ni ese rey", y Godoy se fue y Carlos abdicó. Después, Fernando VII puso sus tropas en manos de Napoleón, y las autoridades todas, así como los generales y los jefes de la guarnición, recibieron orden de doblar la cabeza ante Joaquín Murat; pero los madrileños dijeron: "No nos da la gana obedecer al rey ni a los infantes, ni al Consejo, ni a la Junta, ni a Murat" y acuchillaron a los franceses en el Parque y en las calles. ¿Qué pasa después? El nuevo y el viejo rey van a Bayona,

---

[32] Alvear Acevedo, Carlos, **Historia de México**, Editorial Jus, 50ª Edición, México, 1964, página 213.

[33] Torrente Ballester, Gonzalo, **Literatura española contemporánea,** Ediciones Guadarrama, 2ª Edición, Madrid, 1964, página 85.

donde les aguarda el tirano del mundo. Fernando le dice: "La corona de España me pertenece a mí; pero yo se la regalo a usted, señor Bonaparte" Y Carlos dice: "La coronita no es de mi hijo, sino mía; pero para acabar disputas, yo se la regalo a usted, señor Napoleón, porque aquello está muy revuelto y usted sólo lo podrá arreglar" Y Napoleón coge la corona y se la da a su hermano, mientras volviéndose a ustedes les dice: "Españoles conozco vuestros males y voy a remediarlos". Pero ustedes se encabritan con aquello y contestan: "No, camarada, aquí no entra usted. Si tenemos sarna, nosotros nos la rascaremos: no reconocemos más rey que a Fernando VII". Fernando se dirige entonces a los españoles y les dice que obedezcan a Napoleón; pero entretanto, muchachos, un señor que se titula alcalde de un pueblo de doscientos vecinos escribe un papelucho, diciendo que se armen todos contra los franceses; ese papelucho va de pueblo en pueblo y como si fuera una mecha que prende fuego a varias minas esparcidas aquí y allí, a su paso se va levantando la nación desde Madrid hasta Cádiz. Por el norte pasa lo propio, y los pueblos grandes, lo mismo que los pequeños forman sus juntas, que dicen: "No, si aquí no manda nadie más que nosotros. Si no reconocemos las abdicaciones, ni admitiremos de rey a ese don José, ni nos da la gana de obedecer al emperador, porque los españoles mandamos en nuestra casa, y si los reyes se han hecho para gobernarnos, a nosotros no nos han parido nuestras madres para que ellos nos lleven y nos traigan como si fuéramos manadas de carneros…"

"Pues esto, ni más ni menos, es lo que está pasando aquí"[34]

Como podemos observar, el campo se encontraba minado, por lo cual, aunque la gran mayoría del pueblo español gozaba de buena salud moral e ideológica, la desgracia se encontraba en el hecho de que los sectores más ilustrados del país -que muy pronto controlarían el poder- se hallaban contaminados por las ideas liberales que llegaban desde el otro lado de los Pirineos.

Estos sectores ilustrados consideraban que era algo bien visto socialmente el imitar cuanto llegaba de Francia. Esa es la razón por la cual se les llamó "afrancesados" a estos elementos que se dejaban seducir no tanto por la moda francesa sino más bien por las ideas liberales que difundía la Masonería.

Conforme los ejércitos franceses se iban apoderando de las principales ciudades españolas, iban fundando logias masónicas.

"La Masonería española", nos dice Ricardo de las Heras, "vivirá entonces su primera época de esplendor pudiendo ejercer sus trabajos en plena libertad"[35]

[34] Pérez Galdós, Benito, **El dos de mayo,** Editorial Libsa, 1ª Edición, Madrid, 2008, páginas 276 y 277.
[35] De las Heras, Ricardo, **La conspiración masónica en España,** Styria de Ediciones y Publicaciones, 1ª Edición, Madrid, 2007, página 19.

Esa es la explicación por la cual el pueblo español consideró tanto al intruso José Bonaparte (apodado "Pepe Botellas") como a las tropas imperiales que lo apoyaban como propagadores nefastos de la impiedad y de la discordia.

Impiedad y discordia que todo lo contaminaban y que, como consecuencia natural, habrían de cruzar muy pronto el Atlántico produciendo en el Nuevo Mundo frutos de muy amargo sabor.

"Los seis años de gobierno francés en España (1808-1814) provocaron en los virreinatos americanos una compleja situación política que tuvo visos de "independencia de facto" puesto que, si la autoridad de José Bonaparte no fue aceptada por los españoles de la península, menos lo fue por los gobernantes y pueblos de la América española; y entonces, ¿a quién obedecer?"[36]

Es entonces cuando entran en debate dos opuestas tendencias:

+ Una que sostenía que los virreinatos americanos eran "provincias" como las de la península, razón por la cual tenían el derecho de formar Juntas propias al no existir en Madrid un gobierno legítimo.

+ Otra que consideraba que estos virreinatos eran simples "colonias" sin derecho a formar Juntas propias, razón por la cual -mientras no hubiera rey- habría que obedecer a la Junta de Sevilla.

La primera postura se basaba en el pensamiento emanado de aquellos grandes monarcas de la Casa de Austria y, de hecho, significaba la independencia de América.

La segunda se apoyaba en el pensamiento de los Borbones y era defendida por simpatizantes de las ideas que emanaban de las logias masónicas.

Al ver que en España no había rey y que eran los enemigos de la Fe Católica quienes habían tomado el poder, en América empiezan a brotar movimientos de independencia.

Y es así como -contra lo que muchos piensan- fueron los liberales quienes, durante los primeros años, con más ahínco, se opusieron a la independencia.

José María Mateos, fundador del Rito Nacional Mexicano, que como masón fue un experto en la historia de dicha organización secreta, explica lo siguiente:

"Las tendencias de los fundadores de la Masonería en México eran liberales; pero lo eran en el sentido español, es decir, excusándose de dar parte a los mexicanos, y los pocos que eran admitidos, se puede asegurar, sin temor a equivocarse, que pertenecían a familias nobles y españolizadas"[37]

En la Nueva España defendían la opción de formar una Junta Suprema al

---

[36] Louvier, Juan, **La Cruz en América**, Ediciones de la Universidad Popular Autónoma de Puebla, 1ª Edición, Puebla, 1990, página 82.
[37] Mateos, José María, **Historia de la Masonería en México,** Herbasa, 1ª Edición, México, 1884, página 12.

estilo de las peninsulares el Ayuntamiento de la Ciudad de México, presidido por Francisco Primo de Verdad y Ramos quien, junto con el fraile peruano Melchor de Talamantes, fue encarcelado por quienes sostenían que el Virreinato debía someterse a las juntas peninsulares.

Las noticias tardaban en llegar, pero llegaban y los sucesos de Aranjuez y del 2 de mayo se vinieron conociendo en México el 14 de junio de 1808.

"Escueta y desnuda la verdad era ésta: ya no hay rey en España, y por ende ya no hay rey en la Nueva España. Y si no hay rey, decían, ya no hay virreyes, porque la autoridad de éste viene del rey y acaba con él, y si no hay virreyes no hay gobierno. ¿Y si…a qué seguir?

"La Nueva España despertó a la dura realidad de las contiendas políticas. De golpe y porrazo le dieron: eres mayor de edad, capaz y responsable de tus actos; actúa"[38]

Gobernaba la Nueva España el virrey don José de Iturrigaray a quien sus enemigos acusaban de falta de honradez. Este personaje se mostró favorable a las peticiones del Ayuntamiento o sea de formar una Junta propia.

Los peninsulares, partidarios a ultranza de someterse a la Corona, aunque ésta estuviese en poder de los franceses, se conjuran y la noche del 15 de septiembre de 1808 asaltan el Palacio Virreinal, aprehenden al virrey y lo deponen.

La Real Audiencia, aunque ningún derecho la respaldaba, nombra en su lugar al mariscal de campo Pedro Garibay quien reconoce como legítima a la Junta de Sevilla e incluso le envía dinero para apoyar la guerra contra los invasores.

La rivalidad entre peninsulares y americanos iba en aumento y, debido a la ineptitud de Garibay, los mismos que lo habían encumbrado le destituyen poniendo en su lugar al arzobispo de México, don Francisco Javier de Lizana y Beaumont.

Entretanto, las conspiraciones proliferaban por todas partes; por doquier circulaban volantes anónimos y periódicos clandestinos. Se realizaban muchas reuniones clandestinas cuyos propósitos coincidían en formar una Junta que gobernase en nombre de Fernando VII, pero separando de los puestos públicos a los españoles para dárselos a quienes aquí habían nacido.

Todo esto significaba una adhesión formal a la Corona, pero con un gobierno nativo, es decir, la independencia interna.

El virrey-arzobispo no se mostraba riguroso con los conjurados, motivo por el cual los españoles lo deponen de su cargo quedando el gobierno en manos de la Real Audiencia. Era el 8 de mayo de 1810.

Con tanto encumbrar y deponer gobernantes, eran los mismos españoles quienes les estaban enseñando a los súbditos de estas tierras que no tenían porqué sentir algún respeto por las autoridades.

---

[38] Mena, Mario, **Op. Cit**, página 25.

En la ciudad de Querétaro simpatizaban con la Independencia los participantes de la Academia Literaria, cuyos personajes más importantes eran don Miguel Hidalgo y Costilla, cura de la parroquia de Dolores; Ignacio Allende, capitán del Regimiento de la Reina; los capitanes Mariano Abasolo y Juan Aldama. Las reuniones contaban con la simpatía y apoyo de doña Josefa Ortiz de Domínguez, esposa de don Miguel Domínguez, corregidor de Querétaro.

Aquellos conjurados pretendían que sus futuros seguidores creyesen que la fidelidad del movimiento que estaba por iniciarse no tenía otro objetivo que el de ayudar al Rey a librarse de Napoleón.

Aparentemente ese era el propósito de unos conjurados que (especialmente Hidalgo) sabían muy bien que si no hacían creer que el levantamiento se llevaba a cabo para favorecer a Fernando VII tendrían muy pocos seguidores, especialmente entre los indígenas quienes -fieles a los buenos recuerdos dejados por la Casa de Austria- eran profundamente monárquicos.

La conspiración fue descubierta. Doña Josefa apenas tuvo tiempo de avisarle al cura Hidalgo quien, sintiéndose perdido, decidió precipitar los acontecimientos la madrugada del 16 de septiembre de 1810 con su célebre "Grito de Dolores", siempre en nombre (esto era parte de la estrategia) de Su Majestad el Rey don Fernando VII.

Enarbolando un estandarte de la Virgen de Guadalupe, el cura Hidalgo logra captar las simpatías de las masas y es así como en unas cuantas semanas le seguía una turba de más de ochenta mil personas.

Desgraciadamente, el movimiento de Hidalgo fue anárquico y destructor. A su paso iba dejando una estela de sangre y desolación. La plebe le seguía no tanto por razones ideológicas como pudieran ser la Independencia o la defensa del Rey de España, sino más bien porque encontraban la oportunidad de saciar sus más bajos instintos saqueando, violando y matando.

Complementando lo anterior, cedemos la palabra al profesor Celerino Salmerón:

"Hidalgo, sin hacer caso de sus ininterrumpidos y sistemáticos saqueos, en noviembre de 1810 mandó asesinar a sesenta españoles pacíficos en Valladolid (don Carlos María de Bustamante dice que fueron 80); en diciembre del mismo año, manda otra vez asesinar a trescientos cincuenta españoles pacíficos en Guadalajara, según declaró en su proceso de Chihuahua (pero don Carlos María de Bustamante, historiador insurgente, dice que pasaron de setecientos los asesinados en Guadalajara por órdenes de Hidalgo).

"La plebe insurgente, al acercarse Calleja a Guanajuato, realizó una horrible matanza el 24 de noviembre de 1810, en 138 de los 247 prisioneros que, entre españoles y mejicanos había en la Alhóndiga de Granaditas"[39]

El autor citado menciona la matanza que tuvo lugar en la Alhóndiga de Granaditas; pues bien, al llegar a dicho acontecimiento, vale la pena recordar como forma parte de la tradición guanajuatense la figura de "El Pípila" quien, según se nos cuenta, se echó una losa a las espaldas y, empuñando una tea, llegó a una de las puertas de la Alhóndiga, la roció con aguarrás y le prendió fuego.

Toma de la Alhóndiga de Granaditas

Y según sigue contando la leyenda, una vez que las llamas hicieron presa de la puerta, los insurgentes pudieron derribarla y entrar en el recinto.

Alfonso Toro, historiador liberal, que ve con simpatía el movimiento iniciado por Hidalgo, nos dice que "entonces la multitud, sedienta de venganza, ciega de ira, se precipitó dentro del edificio. Hombres, mujeres y niños sin distinción fueron asesinados y despojados de cuanto llevaban encima, quedando sus cadáveres desnudos, tendidos entre charcos de sangre, en tanto que el oro y la plata, las joyas y mercancías más preciadas eran arrebatadas en la confusión de aquella escena infernal"[40].

Por su parte, el prestigioso historiador don Lucas Alamán quien, por cierto, nació en la ciudad de Guanajuato y que, a los diecisiete años de edad padeció la matanza de la Alhóndiga, nos dice que "El Pípila" no existió, sino que fue un personaje producto de la imaginación del escritor liberal Carlos María de Bustamante.

Es así como, a base de mentiras, se ha ido integrando la Historia Oficial.

Resumiendo: El movimiento de Hidalgo, que movilizó miles de personas que cometieron mil barbaridades terminó en un rotundo fracaso.

Debido a sus excesos, el movimiento de Hidalgo perdió muchos simpatizantes y -antes de que se cumpliese un año- su caudillo fue capturado, juzgado y fusilado en Chihuahua a fines de julio de 1811.

Ahora bien, si desastrosa fue la actuación de un Hidalgo que, en lugar de

---

[39] Salmerón, Celerino, **En defensa de Iturbide,** Editorial Tradición, 1ª Edición, México, 1971, páginas 29 y 30.
[40] Toro, Alfonso, **Historia de México**. Editorial Patria, 16ª Edición, México, 1973, página 75.

favorecer la causa de la Independencia, lo que hizo fue retrasarla, en cambio, edificante fue su muerte ya que, semanas antes de ser ejecutado, escribió de su puño y letra un manifiesto por medio del cual se arrepentía de todo el mal que había hecho.

Concluimos la etapa sangrienta de la inútil revolución iniciada por Hidalgo citando unos juicios de Salvador Abascal: "Hidalgo mismo nos enseña que la salvación del alma depende de un acto sincero y profundo de humilde contrición y de filial confianza en la infinita misericordia de Dios...La víspera de su ejecución pasó muchas horas en la capilla orando a ratos reconciliándose con un sacerdote"[41].

Como podemos observar, los desordenados acontecimientos iniciados la madrugada del 16 de septiembre de 1810 de ningún modo desembocaron en la Independencia, ya que degeneraron en crueles matanzas y actos de pillaje que no solamente ocasionaron desgracias, sino que arruinaron la economía del país.

No es válido afirmar que fue en 1810 cuando se inició el movimiento independentista. Analizando lo ocurrido con auténtico rigor histórico, diremos que el movimiento de Hidalgo fue una más de las rebeliones que se produjeron en la Nueva España durante los tres siglos del Virreinato.

Una más de las rebeliones con la característica de que ninguna de las anteriores había sido tan cruel y devastadora.

Desgraciadamente, las semillas de discordia y desolación plantadas por Hidalgo muy pronto fructificaron y fue así como -aún en vida de éste- otro cura, don José María Morelos y Pavón, antiguo alumno de Hidalgo en el seminario, continuó con la lucha en tierras del sur.

"Don José María Morelos fue sanguinario en grado eminente; solamente le faltó comer carne humana. Don Carlos María de Bustamante refiere con horror que Morelos, para quitarse el mal humor, leía unas larguísimas cartas que los "Pachones" y Vicente Gómez, "El Capador", feroces desalmados guerrilleros de las regiones de los actuales Estados de Méjico, Hidalgo y Puebla, le escribían para contarle todas las fechorías que cometían con sus víctimas, generalmente españolas"[42].

La diferencia entre Hidalgo y Morelos consiste en que el primero tenía mayor instrucción y luces intelectuales, pero, en cambio, era un pésimo estratega militar.

Por su parte, Morelos, aunque era menos brillante intelectualmente, poseía más sentido común que Hidalgo y -algo muy importante- supo formar pequeños pero disciplinados cuerpos militares.

El movimiento de Hidalgo apenas duró cuatro meses, en cambio, el de

---

[41] Abascal, Salvador, **El cura Hidalgo de rodillas**, Editorial Tradición, 1ª Reimpresión, México, 2004, página 39.
[42] Salmerón, Celerino, **Op. Cit,** página 30.

Morelos duró cuatro años (1811-1815), período en el que llegó a obtener importantes triunfos militares entre los que destacan la toma de ciudades como Tehuacán, Orizaba y Oaxaca, así como el que se haya apoderado del Puerto de Acapulco, que era la puerta de la Nueva España al comercio con el Lejano Oriente.

En el plano militar, Morelos fue un gran estratega que causó muchos dolores de cabeza a las tropas realistas a las que combatió durante cuatro exitosas campañas.

"Los insurgentes", nos dice Joseph H. L. Schlarman, "dominaban a la sazón gran parte del centro y sur de México, y donde su dominio no era inmediato, a lo menos tenían cortados los caminos y comunicaciones, dificultando a los realistas su aprovisionamiento. En este punto se encuentra uno con esos "si" condicionales que tanto influyeron en la historia, porque: si Morelos se hubiera instalado en Oaxaca, su posición hubiera sido inexpugnable y tarde o temprano todo México hubiera caído en sus manos. Dominando el istmo de Tehuantepec, con un puerto sobre cada mar, desde Tehuacán hubiera podido dominar Veracruz, dejando aislada a la ciudad de México. Pero no se instaló en Oaxaca y todo cambió"[43].

Morelos instaló en la ciudad de Chilpancingo el llamado Congreso de Anáhuac que, el 6 de noviembre de 1813, promulgó el Acta de Independencia para posteriormente promulgar la Constitución de Apatzingán el 22 de octubre de 1814.

Asimismo vemos a Morelos poniendo por escrito su ideal de Independencia en un documento titulado **"Sentimientos de la Nación",** en el que insistía en las siguientes ideas: El país debía ser independiente; se mantendría como única religión la católica; se le daría un culto especial a la Virgen de Guadalupe; la propiedad sería respetada; los españoles serían expulsados admitiendo solamente aquellos extranjeros que fuesen artesanos y pudieran enseñar oficios; se abolía la esclavitud y se restablecía la Compañía de Jesús.

Como podemos observar, nos encontramos con un Morelos que, a pesar de sus pocas luces intelectuales, se preocupaba por irle dando forma jurídica al futuro Estado independiente.

Sin embargo, muy pronto la fortuna le resulta adversa torciéndole el rostro y éste cambio ocurrirá precisamente en su natal Valladolid.

Vale la pena detenernos un poco en este acontecimiento que para Morelos significó nada menos que el principio del fin.

Ocurrió que, al mando de 5,600 hombres, Morelos, situándose en las Lomas de Santa María, pretendió tomar Valladolid, ciudad que defendía el coronel Domingo Landázuri con tan solo 800 hombres.

---

[43] Schlarman, Joseph H. L. **México. Tierra de volcanes**. (Traducción: Carlos de María y Campos), Editorial Porrúa, 7ª Edición, México, 1965, páginas 227 y 228.

Landázuri pide auxilio y muy pronto acuden en su ayuda los coroneles Ciriaco de Llano y Agustín de Iturbide quien, al igual de Morelos, había nacido también en Valladolid.

El coronel Iturbide, haciendo gala de una gala de una gran astucia, y aprovechando las sombras de la noche, irrumpió sorpresivamente en Lomas de Santa María.

Y fue tan sorpresivo dicho ataque que el mismo Morelos estuvo a punto de ser muerto o capturado.

En medio de la oscuridad nocturna, se produce tal confusión que los insurgentes -confundidos y aterrorizados- empezaron a matarse entre ellos.

Cuan oportuno resulta citar en estos momentos aquella frase que Miguel de Cervantes pone en labios de su también inmortal Sancho Panza: "El retirarse no es huir, ni el esperar es cordura, cuando el peligro sobrepuja la esperanza" (**Don Quijote.** Parte Primera. Capítulo XXIII).

Animado, quizás, por la opinión de Sancho Panza, Morelos huye despavorido dejando numerosos pertrechos en poder de las tropas realistas. Su estrella empezaba a eclipsarse…

El nuevo personaje que aquella Noche Buena de 1813 entraba victoriosamente dentro del escenario histórico mexicano, era un criollo vallisoletano que respondía -como antes dijimos- al sonoro nombre de Agustín de Iturbide.

Lo que Iturbide no sabía, nos dice Armando Fuentes Aguirre, es que "ése sería el momento en que su estrella empezaba a ascender, y que a él le tocaría la fortuna de vencer a Morelos, contra quien nada había podido, ni siquiera el genio de Calleja"[44].

El caso es que, a partir de entonces, se inicia para Morelos la cuesta abajo que concluye en el momento en que es capturado, juzgado y condenado a muerte.

Al igual que Hidalgo, Morelos tuvo también una muerte edificante pues, hallándose en el lugar de la ejecución, recitó los salmos penitenciales, pidió un Crucifijo y, con la devoción, le dirigió las siguientes palabras:

-Señor, si he obrado bien, Tú lo sabes; y si mal, yo me acojo a Tu Infinita Misericordia.

Dos descargas del pelotón de fusilamiento acabaron con su vida. Eran las tres de la tarde del 22 de diciembre de 1815.

¿Consiguió la Independencia Morelos? De ninguna manera, a pesar de que esa idea bullía en su mente y pretendió darle forma, la verdad es que no solamente fracasó, sino que continuó la obra destructora iniciada por Hidalgo, ahondando los odios y diferencias entre criollos, mestizos y peninsulares.

---

[44] Fuentes Aguirre, Armando, **Hidalgo e Iturbide. La gloria y el olvido,** Editorial Diana, 1ª Edición. México, 2008, página 252.

Y si a lo anterior agregamos que, en febrero de 1814, Napoleón se había retirado de España permitiendo el regreso de Fernando VII, podemos decir que los insurgentes se habían quedado sin bandera, al menos en lo referente a que luchaban por reponer al rey en su Trono liberándolo de los franceses.

Antes de seguir adelante, vale la pena decir que, durante la presencia napoleónica en España, se instalan -concretamente en septiembre de 1810- las Cortes de Cádiz que en su gran mayoría estaban integradas por liberales afiliados a la Masonería.

"Las Cortes de Cádiz", nos dice José Francisco Fernández de la Cigoña, "supusieron la quiebra de la tradicional constitución política española y dieron paso a la instauración del liberalismo"[45].

Un Liberalismo que se caracteriza por una persecución descarada contra el catolicismo español.

Fue así como los liberales impusieron una serie de leyes que eran reflejo de sus pensamientos: Suprimieron el Voto de Santiago, expulsaron de Madrid al Nuncio del Santo Padre, suprimieron conventos arrebatándole sus bienes, prohibieron a los religiosos volver a sus antiguas moradas y -con el pretexto de la libertad de imprenta- se sirvieron con el cucharón lanzando los más feroces ataques en contra de la Iglesia y de la Religión.

Sin embargo, la cereza del pastel del liberalismo masónico fue la Constitución de Cádiz, promulgada en 1812, que en gran parte era copia de la Constitución jacobina que imperaba en Francia a raíz de la Revolución de 1789.

Ni duda cabe que, entre la población de la Nueva España, mayoritariamente católica, se vivía un clima de zozobra ante el temor de que la Constitución de 1812 fuese aplicada en estas tierras.

Quizás eso explique en parte el apoyo popular que recibieron Hidalgo y Morelos, quienes -a pesar de la crueldad que demostraron- a fin de cuentas, eran sacerdotes que siempre se manifestaron respetuosos de la religión católica.

No se olvide que, con tal de atraer a las masas, Hidalgo enarboló el estandarte de la Virgen de Guadalupe, quien en aquella época constituía ya el símbolo máximo de la mexicanidad.

Y tampoco se olvide -como antes dijimos- que Morelos en su proyecto de nación independiente proponía que se mantuviera como única religión la católica, que se le diera un culto especial a la Virgen de Guadalupe y que se restableciera la Compañía de Jesús.

Dirigiendo nuevamente nuestra mirada a lo que estaba pasando en la península: Una vez de regreso a España y ya expulsados los franceses,

---

[45] Fernández de la Cigoña, José Francisco, **El Liberalismo y la Iglesia española. Historia de una persecución,** Fundación Francisco Elías de Tejada y Erasmo Percopo, 1ª Edición. Madrid 1990. página 17.

Fernando VII firmó un decreto por medio del cual abolía la Constitución de 1812, disolvía las Cortes y anulaba todo lo hecho por ellas.

"La derogación de la obra de las Cortes fue realmente lo democrático si entendemos por tal lo que quería el pueblo. Fernando VII lo hizo por un decreto emanado de su soberanía absoluta recuperada"[46].

Como consecuencia de todo lo anterior, de 1815 a 1820, el gobierno virreinal logró un dominio total sobre el territorio de la Nueva España.

Quedaron varios núcleos insurgentes, algunos de los cuales fueron derrotados, otros se indultaron y el resto, reducido a la triste condición de guerrilleros que andaban a salto de mata en las serranías.

Fue por aquellos años cuando, con la rapidez de un relámpago, aparece en el horizonte Francisco Javier Mina.

Este personaje era un español nacido en Navarra, que profesaba ideas liberales y que en España había luchado contra Fernando VII.

El 21 de abril de 1817, Mina desembarca en la barra del río Santander, al día siguiente lanza un manifiesto contra Fernando VII y se interna en el país.

Un sujeto que tenía más de bandolero que de caudillo insurgente que, con menos de cuatrocientos hombres se metió en territorios desconocidos y que -víctima de sus torpeza- acabó siendo derrotado, apresado y fusilado.

"¿Fue Mina un héroe admirable de la Independencia Mexicana?", se pregunta Mariano Cuevas, S:J: "La respuesta tiene que ser negativa. Sus ligas secretas con las logias de los Estados Unidos, la clase de gente que le acompañaba y alguna frase que se le escapó en este sentido: "no quiero a los mexicanos ni poco ni mucho", nos lleva a creer que, aunque trataba de independizar a la Nueva España de la antigua, no lo hacía en favor de los mexicanos sino de otros poderes…

…

"Mina, español, de ideas afrancesadas, luchando contra una España que empezaba a restaurarse en su vida antigua y en sus ideas sanas, no puede librarse de la sombra y matices negros de la traición"[47].

El caso es que, una vez derrotados Hidalgo, Morelos y otros caudillos insurgentes, el gobierno español había logrado un dominio casi total sobre el territorio del Virreinato.

Para José Antonio Cristo "la revolución novohispana fue la única del continente en que los realistas triunfaron sobre los independentistas. El ejército virreinal pasó de 30 mil efectivos a 36 mil entre 1810 y 1821"[48].

Sin embargo, a pesar de que el gobierno virreinal controlaba la inmensa

---

[46] **Ídem,** página 29.
[47] Cuevas, S.J., Mariano, **Historia de la nación mexicana**, Editorial Porrúa, 3ª Edición, México, 1967, página 473.
[48] Cristo, José Antonio, **Contra la historia oficial,** Debate, 3ª Reimpresión, México, 2009, página 105.

mayoría del país y a pesar de que, en apariencia, muy pronto volverían tiempos de paz; quedaban profundas cicatrices por doquier: haciendas destruidas, tierras de labrantío abandonadas, carestía, niños huérfanos, mutilados de guerra, viudas, pordioseros pidiendo limosna y un profundo rechazo popular a toda esta barbarie criminal que había arruinado moral y económicamente a la joya más valiosa de la Corona: La Nueva España.

En medio de tantas angustias y dentro de un clima de incertidumbre y desolación, el pueblo -católico en su inmensa mayoría- elevaba sus ojos al Cielo para implorar que terminara cuanto antes tanta zozobra y, sobre todo, que le enviase al hombre providencial que habría de librarlos de tantas desgracias.

Bien habló Santa Teresa cuando dijo que **"Dios escribe derecho sobre renglones torcidos"** y he aquí que fue necesario que ocurriese un acontecimiento adverso al sentir popular para que las cosas tomasen el rumbo deseado y -por supuesto- que entrase en escena el tan deseado hombre providencial.

Justo cuando se iniciaba un nuevo año, el 1 de enero de 1820, apoyado por la Masonería, el coronel Rafael del Riego se subleva en Cabezas de San Juan (Sevilla).

Cedemos la palabra a don Marcelino Menéndez y Pelayo:

"Un motín militar vergonzoso e incalificable, digno de ponerse al lado de la deserción de D. Opas y de los hijos de Witiza, vino a dar, aunque no rápida ni inmediatamente, el triunfo a los revolucionarios. La logia de Cádiz, poderosamente secundada por el oro de los insurrectos americanos y aún de los ingleses y de los judíos gibraltareños, relajó la disciplina en el ejército destinado a América, introduciendo una sociedad en cada regimiento"[49].

Por su parte, el historiador Alberto Bárcena nos dice que "la sublevación de Las Cabezas de San Juan tuvo dos efectos inmediatos: América se pierde para España, como estaba previsto por los golpistas y sus colaboradores, tras una historia común de tres siglos; y en la Península se establece el régimen liberal. El 7 de marzo Fernando VII, amedrentado como Luis XVI, claudica y acepta la Constitución de 1812"[50].

Fernando VII jura la Constitución de 1812 (la misma que él había abolido pocos años antes), afirmando a voz en cuello: "Marchemos de la mano y yo el primero por la senda constitucional".

Todo, absolutamente todo, antes que perder el Trono. Ni duda cabe que Fernando VII se comportaba como uno de esos Borbones que no conocen de lealtades.

---

[49]Menéndez y Pelayo, Marcelino, **Historia de los heterodoxos españoles,** Biblioteca de Autores Cristianos, 1ª Edición, Madrid, 1956, Tomo II, página 856.
[50] Bárcena, Alberto, **Iglesia y Masonería. Las dos ciudades,** Ediciones San Román, 1ª Edición, Madrid, 2016, página 102.

Deseando conocer un poco más acerca de la personalidad de tan tortuoso elemento que ha sido considerado como uno de los peores reyes que ha tenido España en los últimos tiempos, citamos a don Ángel Salcedo Ruiz:

"Tal fue la doblez con que trataba a las gentes, según se veía en poder de ellas o dominándolas, su maestría para engañar con las apariencias de la más franca cordialidad...Fernando VII acariciaba a los que aborrecía, daba un buen cigarro habano y decía unas cuantas chirigotas al ministro que ya tenía depuesto, y hasta condenado a destierro o prisión. ¿Cómo no había de hacerse antipático a sus víctimas? ¿Cómo no habían de hallar sus enemigos pretextos o motivos para desacreditarle ante la posteridad?"[51].

La sublevación de Rafael del Riego produjo tres consecuencias que mucho habrían de influir no solamente en el futuro inmediato sino en el futuro de los años venideros:

1) Que la mayor parte de Sudamérica no pudiera ser pacificada por los diez mil soldados que estaban bajo las órdenes de dicho militar y cuya misión era sofocar los movimientos insurgentes en aquella parte del imperio español.

2) Que los liberales controlasen por completo el gobierno de la Península, lo cual trajo de inmediato una serie de medidas anticlericales.

3) Que el temor de que volviera la amenaza jacobina provocase que en la Nueva España resurgieran los movimientos que luchaban a favor de la Independencia.

La noticia cruza los mares, llega a la Nueva España, se produce una gran conmoción y es mayoritario el sentimiento de repudio a una Constitución que el pueblo consideraba perseguidora de la Iglesia y enemiga de las tradiciones populares.

En momentos tan inciertos, los ancianos recuerdan lo ocurrido hace más de medio siglo cuando la expulsión de los jesuitas, en tanto que los más jóvenes se aterran al pensar que pudieran volver a repetirse las crueles matanzas protagonizadas por las huestes de Hidalgo y de Morelos.

Y vuelve a tema la gran cuestión: ¿Por qué tenemos que obedecer a un lejano monarca extranjero que, sin conocer nuestros problemas, nos tiraniza, nos explota y -lo que es peor- se muestra contrario a nuestras costumbres y tradiciones?

Y lo más importante de todo: ¿Acaso entre nosotros no tenemos personas capaces de gobernarnos con justicia?

Todo esto es de suma importancia ya que fueron el golpe de Rafael del Riego, así como el regreso de los masones al poder las causas reales de la Independencia de la Nueva España.

---

[51] Salcedo Ruiz, Ángel, **Historia de España. Resumen crítico**, Casa Editorial Saturnino Calleja Fernández, 1ª Edición, Madrid, 1914, página 566.

La Historia Oficial -manipulada por los masones enquistados en la Secretaría de Educación Pública- guarda un absoluto silencio sobre estos acontecimientos y prefiere desorientar a los lectores insistiendo en el Grito de Hidalgo, las campañas de Morelos, el despotismo de Fernando VII, el malestar popular, etc. etc.

Repetimos: A principios de 1820, con la excepción de algunos grupos guerrilleros en las montañas del sur, toda la Nueva España estaba en paz dando la impresión de que nadie se interesaba por la Independencia.

El golpe masónico dado en la Península por Rafael del Riego fue como arrojar piedras contra un avispero ya que la autoridad de Fernando VII se veía nuevamente anulada con las consecuencias que ello habría de ocasionar.

Y, para colmo de males, el entonces virrey Juan Ruiz de Apodaca, se vio obligado a jurar, tanto él como los funcionarios del gobierno, la Constitución de 1812.

Citamos el juicio de José María Mateos:

"El virrey D. Juan Ruiz de Apodaca tuvo conocimiento de la existencia de la sociedad, y la toleraba porque él mismo era masón a pesar de sus sentimientos fanáticos; y esto hizo que la influencia de la Masonería se extendiera tanto, en el año de 1813, que ella pudo conseguir que en 1820 el mismo Virrey mandaba publicar en México la referida Constitución española, restablecida ya en España y cuya publicación se verificó antes de recibir de la metrópoli la orden para hacerlo"[52].

A raíz del juramento del virrey Apodaca, en el Templo de la Profesa y durante los meses de mayo, junio, julio y agosto de cuya finalidad era independizar a la Nueva España mientras en la Metrópoli se mantuviera el régimen constitucional.

"Para los conjurados de "La Profesa" estaba claro que el gobierno de Madrid (dominado por la Masonería a través de las Cortes) había perdido nuevamente el rumbo razón por la cual, para la Nueva España, la independencia sería la solución"[53].

Es entonces cuando los conjurados se ponen de acuerdo en designar al hombre que habría de ejecutar dicho plan: Agustín de Iturbide.

Como antes dijimos, Iturbide empezó a ganar celebridad a partir de la derrota que le infringió a Morelos en la batalla de Lomas de Santa María que tuvo lugar en diciembre de 1813.

Fue a partir de aquel momento cuando Iturbide inició su ascenso en tanto que para Morelos se inició la cuesta abajo.

El 9 de noviembre, Iturbide es nombrado jefe del Ejército del Sur y, pocos días después (el 16 de noviembre) sale a combatir a Vicente Guerrero quien,

---

[52] Mateos, José María, **Óp. Cit.**, página 13.
[53] Louvier, Juan, **La Cruz en América**, Ediciones de la Universidad Popular Autónoma del Estado de Puebla, 1ª Edición, Puebla, 1990, página 45.

con sus guerrillas, opera en aquella región.

Iturbide, quien, desde mucho tiempo atrás, veía con marcada antipatía los excesos sangrientos de Hidalgo y de Morelos, deseaba una independencia sin traumas y que fuera al gusto de todos.

A partir de ese momento, Iturbide inicia una intensa campaña epistolar con el propósito de ganar para su causa a los personajes más importantes del Virreinato.

El 24 de febrero de 1821, Agustín de Iturbide proclama el Plan de Iguala que ofrecía tres garantías:

*La unidad religiosa teniendo al catolicismo como única religión.

*La independencia absoluta con respecto de España con una monarquía constitucional como forma de gobierno, ofreciéndose la Corona a Fernando VII o en su defecto a cualquier otro miembro de su familia.

*La unión de todos los habitantes sin distinción de razas.

Estas tres garantías -**RELIGION, INDEPENDENCIA y UNION**- cobraron vida en una bandera de tres colores que fueron respectivamente blanco, verde y rojo; colores que, a partir de entonces, dieron origen a nuestra enseña nacional.

Como se podrá observar, el Plan de Iguala pedía una independencia basada no solamente en el respeto a la fe del pueblo sino evitando las discordias que hasta entonces -al calor de las luchas de Hidalgo y de Morelos- habían enfrentado a insurgentes y realistas.

Cedemos la palabra a Francisco Bulnes:

"Según Alamán, nunca Iturbide fue enemigo de la Independencia, sino de los insurgentes por sus procedimientos que le inspiraban tanto horror como desprecio.

"¿Podía D. Agustín de Iturbide aceptar los procedimientos de revolución elegidos por el cura Hidalgo? No indudablemente, por la misma razón que no los aceptaban Allende, Aldama y Abasolo"[54].

El Plan de Iguala ganó muy pronto adeptos tanto por parte de jefes realistas de alto nivel como de antiguos insurgentes. Era un espectáculo digno de admiración ver como en masa se incorporaban voluntarios al Ejército Trigarante, así llamado por defender las Tres Garantías contenida en dicho Plan.

No obstante, no todo era miel sobre hojuelas pues había sectores que veían con muy malos ojos tanto a Iturbide como al Plan de Iguala; en concreto, nos referimos a las logias masónicas que, obedeciendo las consignas que les enviaban sus hermanos desde la península, hicieron hasta lo imposible para que dicho movimiento abortase.

"Eso explica la súbita defección del coronel Martín Almela del ejército

---

[54] Bulnes, Francisco, **La Guerra de Independencia**, Editora Nacional, 1ª Edición, México, 1969, página 311,

iturbidista. Almela era masón. Apenas había puesto su espada al servicio de las Tres Garantías cuando recibió una comunicación procedente de su logia en la Ciudad de México: debía dar marcha atrás, y abandonar las filas de Iturbide, o tendría que atenerse a las consecuencias...el masón Almela abandonó a Iturbide, que luchaba por la independencia, y fue a ponerse a las órdenes del virrey que luchaba contra ella"[55].

Es aquí donde se desbarata uno de los numerosos mitos de la Historia Oficial: Es falso que hayan sido los conservadores quienes se opusieron a la Independencia; por el contrario, debido a que no les convenía a los intereses sectarios que defendían, fueron los liberales sus enemigos más acérrimos.

A pesar de la acción subterránea de la Masonería, cada vez se daban más deserciones dentro del ejército realista, deserciones que engrosaban las tropas iturbidistas.

Hasta llegar el momento en que el gobierno virreinal tan sólo contaba con la capital del país, el fuerte de Perote y los puertos de Acapulco y Veracruz.

Esa era la situación cuando -como al principio dijimos- a fines de julio desembarcó en Veracruz el virrey don Juan O´Donojú.

Ante los hechos consumados, O´Donojú pacta con Iturbide y es así como el 24 de julio de 1821 se firman los Tratados de Córdoba.

En poco más de siete meses, y de un modo pacífico, Iturbide consigue la Independencia.

Una Independencia que a los mexicanos les cayó por sorpresa ya que lo que no se había logrado en diez años de salvajismo se conseguía en poco más de medio año gracias a la habilidad diplomática de quien, con toda justicia, es el verdadero Libertador de México.

Y fue así como el 27 de septiembre de 1821, Agustín de Iturbide, al frente de dieciséis mil soldados, entra en la Ciudad de México en medio del clamor popular.

"Hacia 1810, nada estaba escrito en la historia de México. Fueron los hombres de entonces quienes, con sus acciones y decisiones, temores e indecisiones condujeron al feliz acontecimiento de 1821"[56].

Los mexicanos habían logrado su Independencia no tanto por odio a la Madre Patria a la que todo le debían, sino más bien como rechazo a las políticas anticatólica que desde la península estaban poniendo en práctica los masones que, desde mediados del siglo XVIII, habían tomado el poder contando siempre con el apoyo de la Casa de Borbón.

Como hemos venido insistiendo, el único autor de la Independencia de México es Agustín de Iturbide, un personaje fuera de serie que supo

---

[55] Fuentes Aguirre, Armando, **Óp. Cit.**, página 505.
[56] Del Arenal, Jaime Fenochio, **Cronología de la Independencia (1808-1821)**, Instituto Nacional de Estudios Históricos de las Revoluciones de México, 1ª Edición, México, 2010, página 8.

interpretar el anhelo de paz y libertad de todo un pueblo.

Y no solamente interpretó dicho anhelo, sino que -aparte de actuar con la destreza propia de un militar exitoso- supo jugar con gran habilidad diplomática hasta conseguir las adhesiones necesarias para el triunfo de su causa.

Vale la pena volver a retrasar las manecillas del reloj y volver la vista atrás con el objeto de conocer mejor a este gran personaje que, con toda justicia, debe ser considerado como el único y auténtico **HEROE DEL BICENTENARIO.**

CAPÍTULO IV
¿QUIÉN ES ITURBIDE Y DE DÓNDE VIENE?

En la Muy Noble y Señorial Valladolid, el 27 de septiembre de 1783, fiesta de los mártires Cosme y Damián, vino al mundo don Agustín de Iturbide y Aramburu, protagonista principal de esta historia.

Antes de entrar en mayores detalles, preciso será que nos detengamos un poco en describir esta ciudad tan singular a la cual Mariano Cuevas, S.J. le dedica los siguientes elogios:

"Valladolid de Michoacán es una de las ciudades de nuestra patria donde más se refleja la grandeza castellana de sus orígenes.

"Han pasado cuatro siglos y aún se proyecta sobre ella, venerada y magnífica, la sombra de Don Vasco de Quiroga, así como también el señorío y la nobleza de su fundador Don Antonio de Mendoza"[57].

Valladolid está situada en una loma del Valle de Guayangareo y fue fundada el 18 de mayo de 1541. Se encuentra a una altura de 1,951 metros sobre el nivel del mar y ha sabido conservar su fisonomía virreinal gracias a la majestuosidad y elegancia de sus templos y construcciones civiles.

El castizo nombre de Valladolid con que fue bautizada lo conservó hasta que un decreto dispuso que, a partir del 16 de septiembre de 1828, la ciudad cambiara dicho nombre por el de Morelia, en honor del cura don José María Morelos y Pavón quien le había dedicado a su ciudad natal un emotivo piropo: **"El lugar donde yo nací es el jardín de la Nueva España"**.

Una de las ciudades más bellas y con mayor raigambre española en toda la América hispánica.

"Se nota que Morelia fue erigida para perpetuarse y nació para impresionar hasta a sus propios promotores sobre su poder e inmensa fortuna. La imaginaron como la más grandiosa de las ciudades españolas de su época y se afanaron en hacerlo realidad…No existe en España una ciudad equivalente a la que pudiéramos compararla"[58].

Al poseer características tan especiales, la romántica Valladolid (hoy Morelia) se presta a las mil maravillas para que por sus calles floten viejas consejas de los tiempos idos y en donde por las noches parece escucharse

---

[57] Mariano Cuevas, S.J. **El Libertador. Documentos selectos de Don Agustín de Iturbide,** Editorial Patria, 1ª Edición, México, 1947, página 15.

[58] Pellitero Aja, Karmelle, **Morelia. Cantera viva de México,** Lunwegg Editores, 1ª Edición, Barcelona, 2006, página 33.

el tintineo de la espuela de plata del enamorado que se restira del balcón de su amada o el pregón lastimero del sereno que suplica una oración por el eterno descanso de las benditas ánimas.

En Morelia todo parece propicio para que la fantasía popular hable de historias acaecidas en viejas casonas en las que se cuenta que existen pasadizos secretos por donde transitan fantasmas de monjes y de soldados.

Uno de los templos que mejor engalanan la antigua Valladolid es el de San Agustín, que le llevó a los frailes agustinos más de un siglo en construirlo.

Un convento imponente con más de trescientas celdas que antaño alojaron a infinidad de santos varones entre quienes destacan Fray Juan Bautista Moya, "El Apóstol de Tierra Caliente", y Fray Diego de Basalenque, profundo conocedor de las lenguas indígenas y cronista de la Orden.

Este último, el Padre Basalenque, murió en Charo en olor de santidad el 12 de diciembre de 1651 y cuando años más tarde los agustinos fueron a recoger sus restos para llevarlos a su iglesia de Valladolid encontraron el cuerpo incorrupto.

Quien hoy visite el templo de San Agustín, podrá observar -a ambos lados del altar de la Virgen de la Consolación- dos hornacinas abiertas en el muro y dentro de ellas dos urnas de madera protegidas por unas rejas de fierro: Dichas urnas contienen los restos tanto del Padre Basalenque como del Padre Moya.

Pues bien, dentro de ese ambiente cargado de religiosidad y tradiciones, es donde, inicios del otoño de 1783, viene al mundo una creatura cuyo nacimiento está rodeado por un suceso que algunos califican de prodigioso.

Sucede que doña María Josefa Aramburu tiene graves problemas en el momento de dar a luz, tanto así que la vieja partera que le atiende teme por la vida tanto de la madre como de su hijo.

Su esposo, don José Joaquín de Iturbide, siente que el piso se hunde bajo sus pies y no es para menos puesto que otros dos hijos varones suyos han muerto en su más tierna infancia: ¿Correrá la misma suerte el que está a punto de nacer?

Tras varios días de angustia, unas personas piadosas le aconsejan que invoque al Padre Diego de Basalenque y -como último recurso- le llevan la capa que usaba el misionero y que como reliquia se guarda celosamente en el cercano convento de San Agustín.

En cuanto cubren a la parturienta con la capa del Padre Basalenque, doña María Josefa se relaja, libera su parto y a los pocos minutos se escucha en la estancia el débil llanto del recién nacido.

Pocos días después, el 1 de octubre de 1783, en la catedral de Valladolid, el canónigo don José de Arregui bautiza al pequeño imponiéndole los nombres de Agustín Cosme Damián.

Agustín, en honor al santo obispo de Hipona a cuya orden religiosa pertenecía el Padre Basalenque, cuya capa, según piadosa creencia de doña Josefa, había sido factor decisivo para que el nuevo cristiano naciese sin contratiempos.

Cosme y Damián, en honor a los dos hermanos, santos y médicos, que sufrieron martirio por curar a los más pobres y cuya fiesta se celebra el 27 de septiembre, día en que el protagonista de esta historia vio la luz primera.

"La pila bautismal es de una plata reluciente, cada color del sol es reflejado por la luz que penetra desde los vitrales"[59].

Casa donde nació el Emperador Dn Agustin Iturbide.–Vista sacada el año de 1884·
(Morelia.)

El nuevo vástago del matrimonio formado por José Joaquín y María Josefa pertenece a una de las mejores familias de Valladolid o sea de las más pudientes y acomodadas. Una familia profundamente devota y adherida con firmeza a las costumbres de la sociedad española de la que forma parte.

Ambos cónyuges formaban parte de familias españolas integradas por emigrantes que habían venido desde el norte de España.

Todos estos antecedentes que acabamos de señalar tienen una explicación: Quienes se han adentrado por los terrenos de la Sicología, afirman que son tres los elementos que integran la personalidad del individuo:

*La herencia o sea el cargamento genético que forma parte de una familia.

---

[59] Fernández, Pedro J, **Iturbide. El otro padre de la patria**, Ediciones Grijalbo, 1ª Edición, México, 2018, página 26.

*El medio ambiente dentro del cual se desarrolla la persona.

*La voluntad o sea el firme propósito de dominar el temperamento con el que se nació. Es tan importante este elemento que gracias al mismo es posible no solamente eliminar defectos sino incluso adquirir virtudes.

Por herencia, Agustín de Iturbide provenía de una familia de alcurnia integrada por emigrantes españoles que supieron formar un patrimonio a base de trabajo y austeridad, virtudes que les impulsaban a superar cualquier obstáculo.

Años después, con fecha 24 de febrero de 1821, en una carta dirigida al Monseñor Juan Cruz Ruiz Cabañas y Crespo, obispo de Guadalajara, Iturbide se ufanaba de sus raíces hispánicas: "Es el caso que por mis cuatro costados soy navarro y vizcaíno, y no puedo prescindir de aquellas ideas rancias de mis abuelos, que se transmitieron en la educación por mis venerados y amadísimos padres"

Ni duda cabe que dichas virtudes de iniciativa, trabajo y austeridad le serán muy útiles a Agustín en el momento de dominar a sus oponentes y sacar adelante sus proyectos.

El ambiente que le rodeó durante sus años de infancia y juventud fue un ambiente impregnado por la profunda religiosidad que caracteriza a los habitantes de ese bellísimo rincón de la patria que es Michoacán.

Nos imaginamos a Iturbide, tanto en sus primeros años como durante la decisiva etapa de la adolescencia, peregrinando -acompañado de sus padres- tanto al Santuario del Señor de la Piedad como a la Basílica de Nuestra Señora de la Salud en Pátzcuaro.

Experiencias emotivas que, gracias a la devoción que sus padres le iban inculcando, habrían de plasmar una huella indeleble en el alma de Agustín.

Gracias a la cercanía existente entre la casa de los Iturbide y el convento de San Agustín fue posible que el joven visitase la nutrida biblioteca y que consultase muchas de sus obras.

Otro dato digno de tomarse en cuenta es que Iturbide estudio un tiempo en el Seminario Conciliar de Valladolid, gracias a lo cual pudo adquirir un elegante estilo literario que, andando el tiempo, le sería de gran utilidad en el momento de escribir cartas o redactar planes de gobierno.

Ahora bien, no todo fue formación cultural y piadosa la que recibió Agustín, puesto que, durante su juventud, el joven criollo ayudó a su padre en la administración de su hacienda.

Fue allí donde se hizo hombre gracias a las rudas faenas del campo en las que aprendió a montar y, jineteando un brioso corcel a través de los valles, fue como adquirió fama de gran jinete.

"Pero a Iturbide no le halagaba la idea de permanecer toda su vida en el campo, contemplando siempre los mismos horizontes. Del viejo refrán: "Iglesia, mar o Casa Real", no podía elegir ni la Iglesia, porque no se sentía llamado por Dios para ello, ni el mar, porque el mar, desde España eran precisamente aquellas tierras exuberantes y atrayentes en las que había nacido y vivía. Tampoco quería seguir, como mayorazgo, al frente de las fincas de su padre. Quedaba solo la Casa Real: el servicio de la Majestad Católica en sus heroicos ejércitos. Profesión de nobles, y protección viril que rimaba con su temperamento de hidalgo, altivo, dominante e inquieto.

"Y a la Casa Real fue Iturbide"[60].

Años después -y dentro del elemento que habría de forjar su personalidad- Agustín convive con gente que proviene de los más diversos ambientes.

Ni duda cabe que, al conocer y tratar con personas de diversas condiciones raciales, sociales, culturales y económicas, nuestro personaje habría de volverse todo un experto en el momento de conocer la sicología de las personas con las que iba teniendo relación.

Dicho aprendizaje sicológico en mucho contribuyó para que nuestro personaje supiera captar de inmediato las intenciones que animaban a quienes se le acercaban.

Ahora bien, en lo referente a la voluntad como elemento integrador de la personalidad, diremos que Agustín de Iturbide, echando mano de esa voluntad férrea propia de los emigrantes españoles, supo ir dominando sus pasiones y, en un momento dado, encaminar decisiones en defensa de esos valores religiosos que, primeramente, había empezado a amar en su familia y, andando el tiempo, en su bellísima ciudad natal.

"No hay ciudad en la América Española que tenga un centro tan poético y tan lleno de recuerdos históricos como la Catedral de Valladolid y sus contornos"[61], nos dice Mariano Cuevas, S. J. y no nos cabe la menor duda de que la razón le asiste al historiador jesuita puesto que, en ese centro que aún conserva el sabor virreinal de felices tiempos pasados, todo contribuye a que nuestras almas se transformen en medio de un remanso de paz espiritual.

Tal es el caso de la plaza transformada en apacible jardín que se encuentra frente al antiguo convento de "Las Rosas", llamado así en honor de Santa Rosa de Lima.

"El plácido jardín, centro de la rinconada y su cantarina fuente, invitan a la meditación y al reposo, bajo la mirada benigna de Vasco de Quiroga y Don Miguel de Cervantes Saavedra, cuyas efigies sostienen un diálogo eterno y silencioso"[62].

La iglesia de "Las Rosas" es una auténtica joya del siglo XVIII y era en

---

[60] Mestas, Alberto de, **Agustín de Iturbide. Emperador de Méjico,** Editorial Juventud, 1ª Edición, Barcelona, página 47.

[61] Cuevas, S. J. Mariano, **Op. Cit.,** página 17.

[62] Espino, Guadalupe, **Rincones de Morelia,** Fimax Publicistas, 1ª Edición, Morelia, 1974, página 17.

su convento donde estaban internas las jóvenes criollas pertenecientes a las mejores familias de la sociedad vallisoletana de aquellos días.

Pues bien, el balcón del convento que se asoma a la plaza ha cobrado celebridad por lo que a continuación contaremos.

Como arriba dijimos, las jovencitas que allí se educaban eran la crema y nata de la sociedad. Debido a que no estaban destinadas a ninguna orden religiosa, era allí donde se preparaban para el Matrimonio.

Según el reglamento, se disponía que un determinado día de la semana saliesen un rato al balcón y desde allí sostuviesen animada pero decente conversación con los jóvenes destinados a ser sus futuros esposos.

Por su parte, los varones que se acercaban a tan místico y romántico lugar eran, al igual que ellas, miembros de la mejor aristocracia criolla de Valladolid.

Allá por el año 1803 y contando escasos 20 años de edad, hasta el jardín de las Rosas, llegaba desde la hacienda de su padre el más apuesto de los pretendientes.

Su nombre (ya lo adivinan nuestros amigos lectores) era Agustín de Iturbide y durante toda la semana esperaba con ansias que llegase el momento en que al balcón se asomase la dueña de sus pensamientos: Una criollita vallisoletana, hermosa, de buena familia, de costumbres ejemplares y que la providencia le había enviado: Ana María Huarte, hija del intendente provincial don Isidro Huarte y de doña Ana María Muñiz.

El noviazgo prospera hasta culminar el 27 de febrero de 1805, día en que Ana María y Agustín unen sus vidas con el sagrado vínculo del matrimonio.

Poco después de haberse casado y temiendo un posible ataque de los ingleses al Puerto de Veracruz, Agustín es enviado al Cantón de Jalapa donde se pone bajo las órdenes del virrey don José de Iturrigaray.

El 29 de octubre de 1806 recibe el grado de primer teniente.

El 30 de septiembre de 1807 nace su primogénito: Agustín Jerónimo de Iturbide y Huarte.

Tiempos difíciles aquellos, especialmente si tomamos en cuenta lo que capítulos atrás hemos venido narrando: Después de la vergonzosa escena de Bayona, Carlos IV y Fernando VII acaban de cederle la corona a José Bonaparte, hermano de Napoleón.

"La época en que nace y se forma Agustín de Iturbide marca su propio destino. Es época de cambios profundos, de renovación de ideas, de inquietud y descontento en los espíritus. El suelo de la Nueva España no es firme. Las bases del orden tradicional sufren los embates de la nueva marejada ideológica. Hay una Revolución en perspectiva. Una Revolución fatal"[63].

La primicia de tan fatal Revolución se da el 16 de septiembre de 1808 cuando hombres armados bajo las ordenes de Gabriel del Yermo deponen y arrestan al virrey Iturrigaray. En su lugar imponen a Pedro Garibay.

Debido a que formaba parte del ejército virreinal, Iturbide pelea dentro del campo realista y es así como, al igual que todos los militares, le ofrece sus servicios primero al virrey intruso Pedro Garibay y después al virrey Francisco Javier Lizana y Beaumont, quien también desempeñaba el cargo de arzobispo de México.

Un año después, el 21 de septiembre de 1809, Iturbide participa en el desmantelamiento de la conspiración de Valladolid, organizada por el teniente José Mariano Michelena y por el capitán José María García Obeso.

Al llegar a este punto, es de justicia aclarar lo siguiente: Es falso lo que algunos afirman, que, al principio Iturbide había sido uno de los conspiradores para después convertirse en su delator.

Afirmación calumniosa que jamás pudo probarse puesto que quien en realidad denunció a los conjurados fue el cura don Francisco de la Concha.

La única fuente de la acusación es el testimonio de Michelena, enemigo de Iturbide, razón por la cual no puede considerarse como testigo de calidad.

Otro elemento digno de tomarse en cuenta en dicha acusación es el hecho de que Michelena no le imputó dicho cargo sino mucho después de que Iturbide había muerto, razón por la cual ya no podía defenderse.

Llegamos así a septiembre de 1810 en que, descubierta la conspiración de Querétaro, el cura Miguel Hidalgo se lanza a la lucha dejando por doquier huellas de sangre y desolación.

Pocos días después del Grito de Hidalgo, el virrey enrola a Iturbide incorporándolo a las filas realistas, dándole como primera encomienda la de capturar a los insurgentes Luna y Carrasco que habían atacado Acámbaro.

En su avance destructor, Hidalgo se acerca a Valladolid lo cual hace que, deseando ponerse a salvo, Iturbide abandone la ciudad para dirigirse a la capital del virreinato.

Es entonces cuando Hidalgo le escribe a Iturbide ofreciéndole la faja de teniente general, la cual éste rechaza por considerar que el plan de Hidalgo estaba mal concebido y -muy importante- porque entre los insurgentes imperaba una feroz hispanofobia.

Prueba de este odio a los españoles es el hecho de que, en las afueras de Valladolid, en un sitio llamado Cerro de las Bateas, por órdenes de Hidalgo fueron degollados más de 60 peninsulares

El historiador Carlos Pereyra juzga la actuación del cura Hidalgo de la

---

[63] Trueba, Alfonso, **Iturbide. Un destino trágico**, Editorial Jus, 3ª Edición, México, 1959, página 13.

siguiente manera: "En los actos de Hidalgo faltaba plan. El caudillo movió masas enormes sin dominarlas. De una idea popular hizo una amenaza para todos. La anarquía le acompañaba…El ejército de Hidalgo nunca fue sino una chusma desmandada"[64].

El 19 de octubre de ese mismo año de 1810, Iturbide se pone bajo las órdenes del coronel Torcuato Trujillo y pocos días después, el 30 de octubre, toma parte en la batalla del Monte de las Cruces en la cual Hidalgo derrota a los realistas.

Inexplicablemente y a pesar de tener la Ciudad de México prácticamente en sus manos, Hidalgo decide no entrar a la capital.

A partir de ese momento, se inicia el declive del cura párroco de Dolores quien va marchando de derrota en derrota hasta ser fusilado en Chihuahua el 30 de julio de 1811.

Tomando en cuenta el valor demostrado en la batalla del Monte de las Cruces, Iturbide es ascendido a capitán de fusileros con mando en la compañía de Huichapan del batallón de Tula.

Pocas semanas después, el 30 de diciembre, nace su primera hija: Sabina de Iturbide y Huarte.

En plena lucha contra los insurgentes, el 5 de junio de 1812, Iturbide sorprende en Valle de Santiago (Guanajuato) al temible guerrillero Albino García a quien lleva prisionero a Celaya para mandarlo fusilar allí mismo.

Esta hazaña le vale ser premiado con el grado de teniente coronel.

En sus correrías por el Bajío, Iturbide fusila a 150 hombres, así como a la espía María Tomasa Estévez. El 1 de noviembre de 1812 derrota al insurgente José Liceaga en el Lago de Yuriria y poco después toma el fuerte de Zacapu (Michoacán).

El 16 de abril de 1813 vence en Salvatierra (Guanajuato) a Ramón Rayón fusilando a un gran número de prisioneros. Estos méritos de guerra son tomados muy en cuenta y le valen ser ascendido a coronel y comandante general de Guanajuato.

Llegamos así a la ya contada batalla de Lomas de Santa María frente a Valladolid que tuvo lugar el 23 de diciembre de 1813 y en la cual Iturbide derrota al cura Morelos.

Como en su momento dijimos, este revés marcó el ocaso de la carrera militar del Generalísimo José María Morelos y Pavón. En cambio -como también antes dijimos- la fama de Iturbide empezó a resplandecer: Era, ni más ni menos, que el mejor jefe militar que luchaba bajo las banderas del rey.

Será en el Bajío donde Iturbide despliegue su genio militar y político. Será entonces cuando empiece a ser conocido como "**El Dragón de**

---

[64] Pereyra, Carlos, **Breve historia de América**, Editorial Patria, 5ª Edición, México, 1969, página 411.

Fierro".

Sin embargo, será el 4 de marzo de 1815 cuando Iturbide sufra la única derrota en toda su exitosa carrera militar: En el cerro del Cóporo, cercano a Jungapeo (Michoacán), se habían fortificado los hermanos Rayón; Iturbide los ataca, pero es rechazado.

Fue en esa ocasión cuando, platicando con su amigo el capitán Vicente Filisola, Iturbide lamentaba el que tanta sangre se estuviera derramando inútilmente.

-Que fácil sería -dijo a Filisola en aquella ocasión- hacer la Independencia si las tropas mexicanas que militamos bajo las banderas reales nos pusiéramos de acuerdo con los insurgentes.

Al ver que Filisola se mostraba de acuerdo, Iturbide agregó:

-Quizás llegue el día en que le recuerde a Usted esta conversación. ¿Contaré con Usted para lo que se ofrezca?

-Puede estar seguro de que contará conmigo- respondió Filisola.

"No hay duda", nos dice Alfonso Trueba, "de que Iturbide, en los mismos momentos en que peleaba contra los insurgentes, pensaba en realizar lo que ellos no podían lograr. La idea fue madurando en su mente a través de varios años, hasta que la puso en práctica con la perfección que tienen las cosas cuando se han considerado larga y detenidamente"[65].

El 25 de septiembre de ese mismo año de 1815, Iturbide es ascendido a Jefe del Ejército del Norte. Pocos meses después, también por méritos de guerra, lo nombran Comandante de la Provincia de Guanajuato y Valladolid del Ejército del Norte.

Fue por aquel entonces cuando Iturbide fue acusado de realizar operaciones ilícitas con plata, azogue y maíz. Se le formó proceso y fue así como el 21 de abril de 1816 llegó a la capital para responder de las acusaciones hechas en su contra.

El virrey pide informes a las principales corporaciones y personas notables de Guanajuato sobre la conducta de Iturbide. De todas las personas consultadas, la única que se atrevió a acusarlo fue don Antonio Labarrieta, cura de Guanajuato.

Ante todo lo anterior, el virrey emite un decreto en el sentido de "no haber habido mérito para la comparecencia del señor Iturbide, ni haberlo tampoco para su detención". Ante el fallo absolutorio, el virrey le ratifica su confianza al volver a encargarle el mando del Ejército del Norte.

No obstante, Iturbide -en un acto de dignidad- rehúsa volver a su puesto manifestando que prefiere dedicarse al cultivo de las haciendas pertenecientes a su familia.

En 1818, Iturbide establece su residencia en la Hacienda de "La Compañía" situada en Chalco y, según las malas lenguas, fue entonces

---

[65] Trueba, Alfonso, **Op. Cit.**, página 46.

cuando sostuvo un tórrido romance con la famosa "Güera Rodríguez".

María Ignacia Rodríguez de Velasco y Osorio (más conocida como "La Güera Rodríguez") nació en 1778 en la Ciudad de México fue una aristócrata de belleza deslumbrante, tanto así que cuando el barón Alexander von Humboldt la conoció, dijo que "era la mujer más hermosa que había visto en el curso de sus viajes"

¡Y vaya que había viajado el científico alemán...!

Desde el momento en que Hidalgo dio en Dolores su famoso "Grito", esta mujer se mostró siempre partidaria de la causa insurgente. Años después, mantuvo una gran amistad con Iturbide y, aunque Artemio del Valle-Arizpe insinuó un romance entre ambos, dicha afirmación jamás pudo probarse.

Murió en 1850 en la misma ciudad que la había visto nacer o sea en la Ciudad de los Palacios.

Artemio del Valle-Arizpe basa su afirmación en lo publicado por el diplomático ecuatoriano Vicente Rocafuerte, enemigo acérrimo de Iturbide, razón por la cual no podemos considerarlo testigo fidedigno.

Rocafuerte es autor de una obra titulada "**Bosquejo ligerísimo de la Revolución de Méjico desde el grito de Iguala hasta la proclamación imperial de Iturbide**". Un librito ligero y sin consistencia alguna que, más que ser considerado obra histórica, hay que clasificarlo como un libelo infamatorio en contra del Libertador de México.

Con el objeto de que nuestros amigos lectores puedan juzgar acerca de la calidad moral del tal Rocafuerte, diremos que en su libelo sostuvo la calumnia de que Iturbide, con tal de divorciarse de su esposa, fingió una carta en la cual, falsificando la letra y firma de doña Ana María Huarte, ella daba a entender que le escribía a uno de sus amantes.

Volveremos más adelante con la famosa "Güera Rodríguez".

Llegamos, una vez más, al tristemente célebre 1 de enero de 1820, día en que -como bien sabemos- el coronel Rafael del Riego se subleva en Cabezas de San Juan (Sevilla); sublevación que produce dos consecuencias inmediatas: Que no se envían a Sudamérica las tropas necesarias para someter a los insurgentes y -muy importante- que se restablece la liberal y anticatólica Constitución de 1812.

Como también antes dijimos, Fernando VII jura la Constitución. La noticia llega a la Nueva España y aquí se encienden focos rojos de alarma.

Focos de alarma que hacen renacer los ya olvidados ideales de Independencia. Y todo porque era en la misma Corte de Madrid donde se originaba todo el malestar de los americanos que habitaban en tierras del Nuevo Mundo.

José Antonio Ullate Fabo nos dice que "el pecado americano de la España ibérica es el anormal y deliberado olvido, institucional y colectivo, de América (excepción hecha de Cuba y Puerto Rico) ...se olvida, cancela de su memoria, lo que durante más de tres siglos había sido más del 95% del territorio español, y que, en 1810, suponía más o menos el 60% de la población de la Corona: el 60% de los españoles"[66].

Es entonces -a partir del mes de mayo- que en el Templo de la Profesa (antigua casa de formación de los jesuitas) se reúnen una serie de personajes cuyo jefe principal es el canónigo Matías de Monteagudo.

Los componentes de dichas reuniones eran don Miguel Bataller, regente de la Audiencia, el inquisidor Tirado, el propio canónigo Monteagudo y ¡oh sorpresa! El mismísimo virrey don Juan Ruiz de Apodaca quien, presionado por las circunstancias, había jurado la Constitución apenas el 31 de mayo.

Y otra sorpresa: A dichas reuniones es invitado el coronel Agustín de Iturbide quien -en aquellos momentos- se hallaba trabajando en su Hacienda de Chalco.

José N. Iturriaga, autor que ve con marcada antipatía a Iturbide, hablando de los conspiradores de La Profesa nos dice que "requerían para sus planes un jefe militar y nadie más adecuado para ello que Agustín de Iturbide. Bien lo conocían no sólo por su evidente y demostrado odio hacia los insurgentes, su fidelidad al rey y su apego al partido español, sino por su manifiesta religiosidad. Era sabido que gustaba de asistir con frecuencia a Misa y al rosario con sus tropas, rezando en alta voz y dándose fuertes golpes de pecho, ostentación que impresionaba a los modestos soldados y daba ejemplo de fervor a sus oficiales, fuera real o simulado. En la Profesa conocían bien a Iturbide pues era asiduo asistente a los ejercicios espirituales que allí tenían lugar"[67].

Complementando lo anterior, cedemos la palabra a don Artemio del Valle-Arizpe:

"Más para acaudillar esta revolución era menester un jefe militar. ¿Dónde encontrarlo? Sonaron varios nombres que no tuvieron eco eficaz. Pero la Güera Rodríguez, de vitalidad desbordante, con ánimo y pecho brioso, que era muy asidua concurrente a esas reuniones y andaba entre todos los conjurados con alegre familiaridad, habló de su amado coronel don Agustín de Iturbide con ardiente entusiasmo y con el fogoso donaire que ponía en todas las cosas de su vida, siempre alegre, proponiéndolo para esa gloriosa campaña que se iba a emprender"[68].

Con el objeto de evitar que la designación de Iturbide pudiera prestarse a malas interpretaciones, diremos que, más que a las recomendaciones de la

---

[66] Ullate Fabo, José Antonio, **Españoles que no pudieron serlo,** Libros Libres, 1ª Edición, Madrid, 2009, página 167.

[67] Iturriaga, José N., **Charlas de café con Agustín de Iturbide,** Grijalbo, 1ª Edición, México, 2009, página 92.

[68] Del Valle-Arizpe, Artemio, **La Güera Rodríguez,** Librería de Manuel Porrúa, 9ª Edición, México, 1960, páginas 184 y 186.

Güera, nuestro personaje fue escogido por méritos propios.

Si Iturbide, como algunos afirman maliciosamente, hubiera sido amante de la Güera, los personajes que asistían a las Juntas de la Profesa -todos ellos de impecable reputación- hubieran rechazado su nombramiento pues no iban a ser tan estúpidos como para correr el riesgo de que su Plan fracasara por habérselo encomendado a un tipo frívolo e inmoral.

Aquí disentimos de Valle-Arizpe quien, más que historiador, es novelista; razón por la cual no titubea en darle crédito a un Vicente Rocafuerte quien -como ya hemos dicho- es enemigo de Iturbide.

Esta serie de reuniones van madurando hasta llegar al punto de que se trata de una auténtica conspiración.

El Plan de la Profesa que tienen en mente dichos conjurados lo que pretendía era impedir que la Constitución de 1812 se restableciera en la Nueva España y para impedirlo era necesario formar un gobierno totalmente independiente del gobierno español.

Antes de seguir adelante, es importante recalcar un punto de sumo interés: Los conjurados pretendían una independencia solamente transitoria que duraría mientras Fernando VII estuviese bajo la influencia de masones y liberales.

Deseando impedir que en México se impusiera la Constitución de 1812, los conspiradores de La Profesa pretendían que fuese el mismísimo virrey Apodaca quien gobernase teniendo como fundamento jurídico las Leyes de Indias.

Ahora bien, a pesar de que -como buen Borbón- Fernando VII no era de fiar, si acaso el rey lograba desembarazarse de tan incómodos compañeros, las cosas volverían a ser como antes o sea que la Nueva España continuaría formando parte del imperio español.

Iturbide escucha a los conspiradores, analiza mentalmente sus propuestas y mantiene el prudente silencio propio de quien no está de acuerdo con lo que ellos están tramando.

Otros eran los planes del criollo vallisoletano: Viendo como la situación se complicaba y como la Nueva España no podía seguir dependiendo de la Metrópoli, la Independencia no solamente era inevitable, sino que constituía una urgente necesidad.

"El terremoto que había producido la monarquía al abrazar el liberalismo produjo la percepción del hundimiento total, del fin de una época. Fue precisamente el escándalo provocado por el Rey el que permitió que la reacción fuese desmesurada. Tan unida estaba en la conciencia de los españoles la figura del Rey y de la patria que la defección del primero significó para muchos la desaparición de la última"[69].

Ahora bien, después del baño de sangre provocado por Hidalgo y

---

[69] Ullate Fabo, José Antonio. **Op. Cit.**, página 186.

Morelos, Iturbide seguía preguntándose: ¿Sería posible que dicha Independencia se realizase de un modo pacífico?

Considerándolo elemento incondicional, el virrey Apodaca le da al coronel Iturbide el mando del Ejército del Sur con la encomienda de someter a Vicente Guerrero.

"Iturbide, nos dice José Fuentes Mares, fue un hombre de suerte hasta que la fortuna le volvió las espaldas, lo que por otra parte suele ser bastante ordinario. Suerte no sólo porque los conspiradores de la Profesa pensaron en él, pues para eso tenía méritos suficientes, sino porque el virrey mismo puso en sus manos los medios de consumar la independencia. Con su regimiento de Celaya no podía ir demasiado lejos, pero si en el caso de Apodaca, como de Velázquez a Cortés le proporcionara los medios…¡Y se los proporcionó!"[70].

Iturbide acepta dicha responsabilidad el 9 de noviembre. Solicita su antiguo Regimiento de Celaya, reúne un total de 2,479 hombres y marcha hacia las cálidas tierras del sur.

Cuando Iturbide marcha hacia su nuevo destino, su propio plan de independencia -totalmente diferente del Plan de la Profesa- ha madurado ya en su mente.

Iba un poco hacia la aventura pues ni sabía cómo reaccionaría el batallón que dirigía ni tampoco se había puesto de acuerdo con los militares de otras provincias.

Así pues, confiando no tanto en su buena estrella sino más bien en un prestigio militar, fruto de invictas batallas, Iturbide sabe que logrará conquistar importantes adhesiones.

Asimismo, el anhelo general de la inmensa mayoría de los habitantes de la Nueva España, que a gritos pide un cambio pacífico, es otra carta que habrá de jugar decisivamente a su favor.

En un principio, Iturbide piensa someter a Guerrero mediante triunfos militares, pero, al no lograrlo, intenta ganárselo para su causa.

El 20 de enero de 1821 Guerrero contesta a Iturbide rechazando el indulto que ofreciéndose a colaborar si en verdad trata de lograr la Independencia.

"La noticia de que Iturbide y Guerrero se conocieron en Acatempan, cerca de Teloloapan, desde el 10 de enero de 1821", nos dice el profesor Celerino Salmerón, "no es más que una invención, para hacer creer que Guerrero si tuvo que ver en la redacción del Plan de Iguala y en la creación de nuestra Bandera; cuando lo que consta es que, en esa fecha, Iturbide

[70] Fuentes Mares, José, **Biografía de una Nación. De Cortés a López Portillo, Ediciones** Océano, 1ª Edición, México, 1982, página 99.

apenas si escribió la primera carta al desconfiadísimo Guerrero"[71].

Al mismo tiempo -durante los primeros meses de 1821- Iturbide inicia la que bien podemos llamar ofensiva epistolar que consistió en las cartas que el criollo vallisoletano le escribió a militares, clérigos, políticos y gente pudiente de toda la Nueva España sin importar a que bando pertenecían.

Iturbide les escribía para pedirles su adhesión al Plan de Iguala.

Y ya que lo hemos mencionado, hablemos del Plan de Iguala en el cual Iturbide basaba su proyecto de Independencia.

Dicho Plan, cuyo autor único e indiscutible es Iturbide, satisfacía todas las aspiraciones generales y comprendía tres puntos principales a los que su autor dio el nombre de garantías:

*RELIGION: Lo cual significaba apoyo a la Fe Católica que profesaba la casi totalidad de la población, a la vez que manifestaba el repudio a las tendencias irreligiosas de la Revolución Española, que eran unánimemente rechazadas por el pueblo mexicano.

*UNION: Que significaba el fin del enfrentamiento entre mexicanos y españoles, así como la unidad de los pueblos que son hermanos por formar parte del Mundo Hispánico.

*INDEPENDENCIA: Que era, sin excepción, el anhelo de todos los sectores.

Estas tres garantías quedaron plasmadas en tres colores: **Verde** (Independencia) **Blanco** (Pureza de la Fe Católica) y **Rojo** (Unión de las sangres de los pueblos hispánicos).

Un sastre del pueblo de Iguala, llamado Magdaleno Ocampo, plasmó dichos colores en tela dando, de ese modo, origen a la bandera Trigarante.

Debido a que los tres colores del Plan de Iguala se plasman en una enseña, con toda justicia podemos afirmar que la Bandera de México tuvo como autor indiscutible a don Agustín de Iturbide.

Gracias a la adhesión del coronel realista Miguel Torres, Sultepec es la primera ciudad en secundar el Plan de Iguala.

El 14 de marzo, Iturbide y Guerrero se entrevistan en Teloloapan y es entonces cuando se establece la unión de Trigarantes e insurgentes.

Entretanto, en la Ciudad de México, el virrey Apodaca, al enterarse de la finalidad independentista del Plan de Iguala, declara a Iturbide fuera de la ley.

Sin hacer mayor caso a dicha declaración del virrey, Iturbide continúa con su campaña epistolar que le iba ganando más y más adhesiones, siendo la más importante la del Alto Clero que -a excepción de Monseñor Pedro José de Fonte y Hernández Miravete, arzobispo de México- se convence de la bondad de la causa.

---

[71] Salmerón, Celerino, **El general Guerrero.**, Editorial Tradición, 1ª Edición, México, 1983, página 19.

La campaña diplomática de Iturbide concluye con sendas cartas a Fernando VII y a las Cortes Españolas. Al rey le pide que venga a residir a México y a las Cortes que sancionen la separación política.

El 19 de marzo, Luis Cortázar se une en Salvatierra al Plan de Iguala. Al día siguiente, hacen lo mismo los generales Joaquín Parrés y Anastasio Bustamante, quien mandó destacamentos a todas las ciudades del Bajío para que proclamasen la Independencia.

De este modo, la provincia de Guanajuato, donde se dio el primer Grito de Independencia, fue también la primera en unirse al Plan de Iguala. Esto fue determinante para el triunfo de Iturbide.

Antes de dos semanas, el 8 de abril, es Vicente Filisola quien, en Zitácuaro, emite una proclama uniéndose a las fuerzas de Iturbide.

El 19 de mayo capitula Valladolid y es entonces cuando Iturbide entra triunfalmente en su ciudad natal.

Es aquí, al llegar a este punto, donde vienen a nuestra memoria aquellas brillantes enseñanzas que -en el ya lejano 1971- siendo alumnos de la Universidad Ibero Americana, le escuchamos a nuestro admirado maestro el Padre Jorge López Moctezuma, S.J.

Refiriéndose a Iturbide y su Plan de Iguala, el Padre López Moctezuma sostenía la tesis de que fue entonces cuando en México empezó a producirse el fenómeno de la "cargada".

Según explicaba el maestro, muchos de los jefes militares que estaban indecisos cuando Iturbide proclamó su Plan, al ver como las adhesiones al mismo iban en aumento -sea por convicción o sea por oportunismo- empezaron a mostrar su apoyo al joven militar.

Fue entonces cuando se dio en cascada un alud de adhesiones y, tal como ocurría en tiempos del PRI cuando "destapaban" al candidato, las muestras de apoyo y fidelidad fueron incontrolables.

Una vez que Iturbide es aclamado en su natal Valladolid, una vez que Bustamante logra el apoyo del Bajío y una vez que Filisola le apoya desde Zitácuaro, empieza a darse el mexicanísimo fenómeno de la "cargada".

A continuación, mencionaremos algunas de las adhesiones más significativas:

*El coronel realista José Joaquín de Herrera se une al Plan de Iguala a la vez que controla las poblaciones de San Andrés Chalchicomula, Tepeaca, Puebla y Córdoba.

*El 29 de mayo, Antonio López de Santa Anna se adhiere al Plan de Iguala tras apoderarse de Jalapa.

*El 13 de junio, Pedro Celestino Negrete se adhiere desde Guadalajara.

*El 18 de junio, Nicolás Bravo de une desde Tlaxcala.

*El 20 de junio se rinde la ciudad de Querétaro ante las fuerzas Trigarantes.

*El 1 de julio, los vecinos de Saltillo proclaman y juran la Independencia, adhiriéndose al Plan de Iguala.

*El 4 de julio es Zacatecas quien se une al Plan cuyo autor es Iturbide.

El movimiento independentista parece incontrolable, lo cual alarma a los viejos residentes peninsulares quienes presionan a militares realistas para que depongan al virrey Apodaca quien, el 5 de julio, es derrocado para ser sustituido por el mariscal de campo Francisco Novella.

*Al día siguiente, 6 de julio, Aguascalientes jura la Independencia, uniéndose a la causa iturbidista.

*El 14 de julio, José Antonio Echávarri le comunica a Iturbide que San Luis Potosí acaba de adherirse al movimiento independentista.

Y así se van sucediendo, después de las importantes capitales, una serie de pequeñas ciudades provincianas.

Volviendo al principio, cuando el virrey don Juan O´Dono ju desembarca en Veracruz, el gobierno español solamente cuenta con la ciudad de México, Acapulco, Veracruz y el fuerte de Perote.

Ante los hechos consumados, eso explica la actitud de dicho personaje de negociar cuanto antes con Iturbide.

*El 5 de agosto, el obispo de Puebla, Joaquín Pérez, se pronuncia en su catedral en favor del Plan de Iguala.

Como al principio dijimos y hemos venido repitiendo, el 24 de agosto, Iturbide y O´Donojú firman los Tratados de Córdoba con los cuales se reconoce la Independencia de México.

Entretanto, las autoridades realistas de la Ciudad de México, encabezadas por Novella, niegan las facultades de O´Dono ju para firmar los Tratados de Córdoba; sin embargo, el 3 de septiembre, el Ayuntamiento de México le pide a Novella que capitule.

El 7 de septiembre, Iturbide llega a Molino Blanco y firma un armisticio con Francisco Novella.

Pocos días después, el 13 de septiembre, en la Hacienda de La Patera (cerca de la Villa de Guadalupe) se reúnen O´Dono ju, Novella e Iturbide para ponerse de acuerdo en la entrega de la capital.

Como resultado de dicha entrevista, Novella le entrega el mando a O´Dono ju el día 15 de septiembre.

Al día siguiente, las autoridades de Yucatán se declaran a favor del Plan de Iguala.

El 23 de septiembre, las tropas realistas expedicionarias salen de México rumbo a Veracruz para acabar refugiándose en San Juan de Ulúa.

El 26 de septiembre, en Ciudad Real de Chiapas (hoy San Cristóbal de las Casas) sus autoridades declaran que no reconocen otro gobierno que el del Imperio Mexicano.

Y aún hay más: La magistral habilidad diplomática desplegada por

Iturbide a lo largo de todo este proceso logró que, aparte de Yucatán y Chiapas, también Guatemala, Honduras y Nicaragua se uniesen al México independiente.

Citamos al intelectual nicaragüense Pablo Antonio Cuadra:

"En realidad, nosotros somos mexicanos. Puede o no tomarse en cuenta este hecho para una futura estructuración política. Pero la realidad histórico-geográfica cultural nadie puede eludirla y seguirá imponiéndose sobre las omisiones del "animal político".

"Muchas veces he citado lo que significa el nombre de mi Patria en su etimología indiana. Nicaragua o **n i c a n a h u a** es un nombre mojón: **"Hasta aquí los nahuas!"** ¡Hasta aquí México! Y como palabra verdadera, la etimología cubre una viva relación de esencias. Centro América es el complemento nacional de México. Su arquitectura geográfica, su conglomerado etnográfico, las líneas y vinculaciones históricas, todo el tejido de su tradición y de su tierra tiende a juntarse complementariamente con su otra mitad mexicana, como luego veremos"[72].

Por su parte, el Libertador, en una carta que, con fecha 19 de octubre de 1821, dirigió al Capitán General de Guatemala expresa el siguiente pensamiento:

"El interés actual y México y Guatemala es tan idéntico e indivisible que no pueden erigirse en naciones separadas e independientes sin aventurar su existencia y seguridad, expuestas ya a las convulsiones intestinas, que frecuentemente agitan los Estados en las mismas circunstancias, y a las agresiones de las potencias marítimas que, acechan la coyuntura favorable de dividirse nuestros despojos".

"Iturbide, nos dice Virginia Guedea, se había encargado de convencer a los novohispanos de obtener la independencia de España mediante un movimiento armado que utilizó más la persuasión que la fuerza. Así logró articular los intereses de autonomistas, descontentos y hasta insurgentes, amén de los de la gran mayoría de los jefes realistas…

…

"Hubo consenso en cuanto a la forma de alcanzar la independencia; una vez lograda ésta, no lo hubo respecto de cómo debía constituirse la nueva nación. De esta manera, el país dio comienzo a su vida independiente sin haber resuelto los conflictos de intereses que se daban entre los distintos grupos, lo que incidiría negativamente en la consolidación del Estado nacional mexicano"[73].

Citamos a continuación a Joaquín Márquez Montiel:

[72] Cuadra, Pablo Antonio, **Promisión de México y otros ensayos,** Editorial Jus, 1ª Edición, México, 1945, páginas 12 y 13.

[73] Guedea, Virginia, en **Historia de México**, Coordinación Gisela von Wobeser, FCE, SEP, Academia Mexicana de Historia, 1ª Edición, México, 2010, página 161.

"La lucha emancipadora estaba por terminar en el más rotundo fracaso y sepultarse en las tinieblas del olvido, no obstante, las ráfagas de triunfos del al principio invencible Morelos. Pero surgió el vencedor de Morelos en Puruarán y ese otro michoacano sí logró terminar la lucha emancipadora y hacer una realidad magnífica y esplendorosa la independencia mexicana"[74].

Y va a ser el 27 de septiembre de 1821 cuando, vestido de civil y al frente de un ejército de dieciséis mil hombres, Agustín de Iturbide entre en la Ciudad de México.

Cedemos la palabra al historiador Mariano Cuevas, S.J: "…el pueblo prodigó sus aplausos a todos los cuerpos del ejército, y en cada uno de los soldados contemplaba a un fundador de la Independencia nacional"[75].

Antes de terminar tan gloriosa jornada, Iturbide habló a la nación para anunciarle el final de tan grandiosa empresa; le dirigió al pueblo una emotiva proclama de la cual espigamos los siguientes párrafos:

"Mexicanos:

"Ya estáis en el caso de saludar a la patria independiente como os anuncié en Iguala; ya recorrí el inmenso espacio que hay desde la esclavitud a la libertad…

"…Ya me veis en la capital del imperio más opulento sin dejar atrás ni arroyos de sangre, ni campos talados, ni viudas desconsoladas, ni desgraciados hijos que llenen de maldiciones al asesino de su padre; por el contrario, recorridas quedan las principales provincias de este reino, todas uniformadas en la celeridad han dirigido al ejército Trigarante vivas expresivos y al cielo votos de gratitud…

"Ya sabéis el modo de ser libres; a vosotros toca señalar el de ser felices".

---

[74] Márquez Montiel, Joaquín, **Datos raros sobre caudillos de la Independencia,** Editorial Jus, 1ª Edición, México, 1963, página 59.
[75] Cuevas, S.J., Mariano, **Historia de la nación mexicana,** Editorial Porrúa, 3ª Edición, México, 1967, página 500.

CAPÍTULO V
CAMINO DEL TRONO

Al día siguiente de la entrada triunfal del Ejército Trigarante en la Ciudad de México, se instala la Junta Provisional Gubernativa cuyos miembros fueron designados por Iturbide; dicha Junta estaba compuesta -incluido el Libertador- por treinta y ocho personas entre clérigos, nobles, militares, abogados, comerciantes y hacendados.

Es muy importante señalar que, entre sus componentes, había no solamente iturbidistas sino también borbonistas y republicanos.

Otro punto muy importante es destacar que no fueron invitados los antiguos insurgentes para que formasen parte de la misma.

Ese mismo día, 28 de septiembre de 1821, se firma el Acta de Independencia.

Juan O´Donojú, por estar enfermo, no se presenta a firmar. Víctima de una pleuresía, fallece pocos días después, concretamente el 8 de octubre. Fue sepultado en la Catedral de México.

En el curso del mes de octubre, Iturbide y su familia establecen su domicilio en el Palacio de los Marqueses de Jaral de Berrio, hoy conocido como Palacio de Iturbide, situado en la actual calle de Madero.

Como presidente de la Junta Provisional Gubernativa y mientras no existiese un Congreso que legitimase otra autoridad, Iturbide se hallaba al frente de los destinos de México y, consciente de la gran responsabilidad que había caído sobre sus hombros, se preocupó por legislar de acuerdo con las necesidades del país.

Sin embargo, no todo iba a ser "coser y cantar" pues, como bien nos dice Josefina Zoraida Vázquez, "todos confiaron en que la prosperidad se recuperaría a pesar del terrible legado de la guerra: el país estaba destrozado, la administración y el cobro de impuestos desarticulados; existía una deuda de 45 millones de pesos; las minas y las haciendas estaban abandonadas y los caminos infestados de bandidos; además, la guerra había dejado un saldo de 600,000 muertos. Es decir, la realidad contrastaba con el optimismo general con que se fundaba un imperio"[76]

---

[76] Zoraida Vázquez, Josefina, **Historia de México,** Coordinación Gisela von Wobeser, FCE, SEP, Academia Mexicana de Historia, 1ª Edición, México, 2010, página 164.

Los decretos más importantes que fueron emitidos a partir de entonces fueron los siguientes:

*El 5 de octubre de 1821 se habilitó y confirmó a todas las autoridades para la legitimidad de sus funciones.

Al disponer que los burócratas de origen europeo (mayoritariamente peninsulares) continuasen en sus puestos, se ve como el Libertador no rompía bruscamente con el pasado, sino que, fiel a su Plan de Iguala, veía como algo primordial la unidad y armonía entre mexicanos y españoles.

"En lo político", nos dice Carlos Alvear Acevedo, "por debajo de la paz aparente, había no pocos temores, y aunque el gobierno autorizó a los empleados europeos que se quedaran en sus puestos, no pocos de éstos prefirieron abandonar el país"[77]

Tomando en cuenta que el nuevo país padecía una grave crisis económica y que uno de los medios para ayudar a superarla consistía en crear una serie de instituciones que fuesen resolviendo los problemas más acuciantes, fue que Iturbide decidió robustecer el Estado Mexicano repartiendo competencias administrativas.

Y fue así como el 8 de octubre se establecieron los siguientes ministerios:
-Relaciones exteriores e interiores.
-Justicia y Negocios Eclesiásticos.
-Hacienda Pública.
-Guerra y Marina.

Deseando organizar jurídicamente al nuevo Estado Mexicano, Iturbide se propuso darle al país una Constitución; fue por ello que, con fecha 17 de noviembre, se emitió un decreto convocando a elegir los diputados que habrían de integrar las Cortes.

El que Iturbide hubiese tomado tal decisión es una prueba irrefutable de que no deseaba detentar un poder absoluto e ilimitado, puesto que -como adelante veremos- de manera implícita se estaba poniendo bajo las órdenes de un Congreso constituyente.

Reforzando lo anterior: Aún no habían pasado un par de meses desde la entrada triunfal del Ejército Trigarante en la capital del país cuando ya Iturbide ponía los elementos para que se integrara una institución que limitase su poder.

Otra prueba más de que el nuevo régimen renegaba de cualquier tipo de absolutismo y de que se mostraba respetuoso de todas las libertades fue el hecho de que el 14 de diciembre se emitiera un reglamento de libertad de imprenta.

"Al amparo de la libertad de imprenta aparecieron algunos periódicos y

---

[77] Alvear Acevedo, Carlos, **Historia de México**, Editorial Jus, 50ª Edición, México, 1964, página 256.

folletos antiespañoles, que en la práctica atentaban contra la garantía de unión proclamada en el Plan de Iguala y en el Tratado de Córdoba, que servían en esos momentos como ley suprema...

....

"Campañas de tal índole causaron desazón y muchos españoles, temiendo por ellos y por sus bienes, optaron por irse de México"[78].

Una vez expuesta la opinión del autor citado, vale la pena que intentemos responder a la siguiente pregunta: A pesar de que el México que nacía a la vida independiente tenía profundas raíces hispánicas y, prueba de ello es la garantía de UNION plasmada por Iturbide en el Plan de Iguala; pues bien, a pesar de dichas raíces, existía un profundo antiespañolismo... ¿Cuál era la causa?

Citamos a Javier Ocampo:

"La defensa de la religión, atacada desde España por los liberales fue considerada como una de las causas inmediatas más importantes de la Independencia. En sermones, poesías, discursos, alegorías, etc. es la religión la institución protegida de la independencia, en contra de los impíos españoles...

"...La religión que fue saqueada, atropellada y envilecida por los liberales españoles, encontró su contrataque en Nueva España, representado en el cumplimiento del Plan de Iguala, que proclamó la religión católica como primera garantía del Estado"[79]

Tan justa aversión en contra de los impíos españoles que a inicios del siglo XIX perseguían a la Iglesia en España y pretendían hacer lo mismo en México, la heredaron -sin deberla ni temerla- otro tipo de españoles que nada tenían que ver con los militantes de las logias debido a que eran parte del pueblo llano que ninguna relación tiene con la política.

Ese tipo de españoles que, injustamente, fueron víctimas del antiespañolismo, eran los inmigrantes que habían abandonado patria y familia buscando en México un porvenir que su tierra les negaba.

El 6 de febrero de 1822, por medio de una orden, los puertos de Guaymas y Mazatlán se habilitan previniendo el establecimiento de aduanas en los mismos.

Pocos días después, se establece la Orden Imperial de Guadalupe.

Vale la pena dar mayores detalles y es aquí donde le concedemos la palabra a Mariano Cuevas, S.J.

"La creación de la orden Imperial de Guadalupe, nacida del patriota y cristiano corazón de Iturbide, fue recibida con aplauso universal y aprobados

---

[78] **Ibídem.**
[79] Ocampo, Javier, **Las ideas de un día**, El Colegio de México, 1ª Edición, México, 1969, páginas 153 y 154.

sus estatutos por la Junta Gubernativa en 21 de febrero de 1822 y por el Congreso hacia mediados del mismo año. Para con la Santísima Virgen no era más que un deber de gratitud de esta nación que le debe su ser espiritual y su unidad religiosa. Para los gobernantes y demás condecorados con la cruz de la Orden, habría sido su salvación si, a las insignias exteriores hubiesen correspondido la honorabilidad y catolicidad que ellas suponían"[80]

La Orden Imperial de Guadalupe, cuyos estatutos habían sido aprobados el 21 de febrero de 1822 por la Junta Provisional Gubernativa, fue aprobada por el Congreso el 11 de junio del mismo año.

El distintivo de la Orden Imperial de Guadalupe tenía forma de Cruz, con los colores Trigarantes en los cuatro extremos, rodeada de laurel y en el centro, circundando la Imagen Guadalupana, la siguiente leyenda: **"INDEPENDENCIA, RELIGION, UNION".**

La Orden Imperial de Guadalupe se extinguió al caer Iturbide. Treinta años más tarde, la restituyó Antonio López de Santa Anna el 11 de noviembre de 1853, desapareciendo junto con su gobierno.

Posteriormente, la reinstaló la Regencia del II Imperio el 11 de julio de 1863, confirmándola Maximiliano en 1864. Dicha Orden, fundada por Iturbide, finalizó una vez que Maximiliano fue fusilado en junio de 1867.

Complementando lo anterior, el Presbítero Lauro López Beltrán, toda una autoridad en temas guadalupanos, nos dice lo siguiente:

"Aquí rendimos homenaje al Libertador de México por su Guadalupanismo que manifestó en su acción oficial de gracias a la Virgen en su propio y nacional santuario del Tepeyac atribuyéndole el triunfo de nuestra Emancipación Política; por la fundación de la Orden de Guadalupe para premiar a los beneméritos de la Patria; y por haber ofrecido a la misma Celestial Señora su Bastón de Mando cuando abdicó la Corona"[81]

El 23 de febrero, se otorga una pensión a las viudas, padres y madres pobres de los soldados del Ejército Trigarante.

El 24 de febrero se instala el Primer Congreso Mexicano, con representantes de cada provincia. También en esa fecha se emite un decreto que le otorga la inviolabilidad a los diputados por sus opiniones.

*El día 1 de marzo, por decreto, se declaran cuáles habrán de ser los días de festividad nacional: 24 de febrero, 2 de marzo, 16 y 27 de septiembre.

*El 21 de marzo se emite un decreto otorgando premios por los servicios hechos en favor de la Independencia a partir del 24 de febrero de 1821.

---

[80] Cuevas, S.J, Mariano, **El Libertador. Documentos Selectos de Don Agustín de Iturbide,** Editorial Patria, 1ª Edición, México, 1947, página 74.

[81] López Beltrán, Lauro, **Álbum del LXXV aniversario de la Coronación Guadalupana**, Editorial Jus, 1ª Edición, México, 1973, entre las páginas 276 y 277.

*El 19 de abril se emite una orden por la cual se castiga a los funcionarios públicos que no cumplan alguna orden o decreto.

*El 3 de agosto un decreto reglamenta la milicia cívica la cual estaría compuesta por ciudadanos cuyas edades se encontrasen entre los 18 y los 50 años.

*El 9 de agosto se emite un decreto imponiendo impuestos al pulque, vino y aguardiente.

*El 23 de agosto se emite una orden que estipula que los diputados cuyo testimonio necesite algún juez sean interrogados por escrito y que también por escrito respondan.

*El 17 de septiembre una orden prohíbe clasificar por su origen a los ciudadanos mexicanos.

*El 19 de septiembre, por medio de un decreto, se reglamenta la redacción del periódico del Congreso: **"Diario de las sesiones del congreso constituyente"**

*Un decreto de fecha 29 de octubre reglamenta el estanco del tabaco.

Como podemos observar, esta lista de decretos dados por la Junta Provisional Gubernativa daba testimonio de como el nuevo país había entrado de lleno en una etapa de prosperidad que se fundamentaba sobre sólidas bases jurídicas.

Sin embargo, y es aquí donde encontramos el **"quid"** de la cuestión, era de vital necesidad que el nuevo Estado Mexicano se asentase en una Ley Suprema o sea que contase con una Constitución.

Fue así como el 29 de diciembre de 1821, se celebraron elecciones de diputados al Congreso.

Al llegar a este punto, es muy importante señalar que los diputados que acababan de ser elegidos estaban destinados a integrar un Congreso constituyente cuya única finalidad sería la de redactar una Constitución que fuese el máximo ordenamiento legal del Estado Mexicano.

¿Y qué cosa es un Congreso constituyente? Interesante pregunta digna de ser respondida por don Ignacio Burgoa, uno de los mejores juristas que ha tenido México. Citamos textualmente:

"En otras palabras, el poder constituyente es una potencia (puissance, como dicen los franceses) encaminada a establecer un orden constitucional, o sea, una estructura jurídica fundamental de contenido diverso y mutable dentro de la que se organice un pueblo o nación, se encauce su vida misma y se normen las múltiples y diferentes relaciones colectivas e individuales que surgen de su propio desarrollo"[82]

Según lo anterior, finalidad exclusiva de un Congreso constituyente es la

---

[82] Burgoa, Ignacio, **Derecho Constitucional Mexicano,** Editorial Porrúa, 1ª Edición, México, 1973, página 281.

de darle vida a la nueva Constitución que requiere el país; por lo tanto, no debe tener ni funciones legislativas, ni funciones judiciales, ni -mucho menos- funciones que solamente corresponden al Poder Ejecutivo.

Así pues, apegándonos a la más estricta doctrina jurídica, queda bien claro que un diputado constituyente no podrá promulgar leyes, no podrá juzgar y mucho menos podrá gobernar.

La función exclusiva de los diputados constituyentes habrá de ser la de redactar la Ley Suprema llamada Constitución, de la cual brotarán leyes particulares en las que se apoyarán los jueces para juzgar y los gobernantes para aplicarlas.

Reforzando la tesis anterior, citamos al también jurista Felipe Tena Ramírez quien nos dice lo siguiente:

"Cronológicamente el constituyente precede a los poderes constituidos; cuando aquél ha elaborado su obra, formulando y emitiendo la Constitución, desaparece del escenario jurídico del Estado, para ser sustituido por los órganos creados. Desde el punto de vista de las funciones, la diferencia también es neta: el poder constituyente no gobierna, sino sólo expide la ley en virtud de la cual gobiernan los poderes constituidos; éstos a su vez, no hacen otra cosa que gobernar en los términos y límites señalados por la ley emanada del constituyente, sin que puedan en su carácter de poderes constituidos alterar en forma alguna la ley que los creó y los dotó de competencia"[83]

Como anteriormente dijimos, el 24 de febrero de 1822 se instala el Congreso constituyente en la antigua iglesia jesuita de San Pedro y San Pablo.

Tras unas elecciones que tuvieron numerosas fallas, el Congreso quedó formado por tres grupos muy diferenciados: **Los iturbidistas** quienes, como su nombre lo indica, eran fervientes partidarios del Libertador; **los borbonistas,** peninsulares de ideología liberal que en su gran mayoría estaban afiliados a la Masonería y que, en su fuero interno, deseaban que México volviese a estar sometido al rey de España, **y los republicanos** quienes, aunque en su gran mayoría ignoraban en qué consistía el sistema republicano, formaban parte de logias masónicas, razón por la cual su tendencia era netamente liberal.

A la luz de los datos anteriores, cualquiera podrá darse cuenta de que, frente a Iturbide, se había levantado una institución que -a pesar de estar dividida- en un momento dado, lo que habría de unificarla era no tanto la cuestión ideológica sino más bien el odio que, producto de la envidia, muchos sentían por el Libertador.

El mismo Libertador lo reconoce cuando afirma que "no tuve otros

[83] Tena Ramírez, Felipe, **Derecho Constitucional Mexicano,** Editorial Porrúa, 8ª Edición, México, 1967. páginas 10 y 11.

contrarios que los que lo eran de la causa que defendía, ni más rivales que los que en lo sucesivo me atrajo la envidia, por mi buena suerte. ¡Ah! ¿A quién no le faltaron cuando le lisonjeó la fortuna?"[84]

Al tratar el tema de la envidia, resulta oportuno citar dos refranes muy conocidos que nos pintan de cuerpo entero tanto al envidioso como los males que tan baja pasión ocasiona:

+ **"El envidioso llora todo el año, más el ajeno bien que el propio daño".**

+ **"El envidioso, con tal de verte ciego, se saltaría un ojo".**

Y por su parte, Don Miguel de Cervantes pone las frases siguientes en labios de su inmortal Don Quijote de la Mancha:

"¡Oh, envidia, raíz de infinitos males y carcoma de las virtudes! Todos los vicios traen un no sé qué de deleite consigo; pero el de la envidia no trae sino disgustos, rencores y rabias" (**Don Quijote.** Parte Segunda. Capítulo VIII).

Pues bien, aparte de los borbonistas que añoraban los tiempos en que reinaba Fernando VII, aparte de liberales que veían con antipatía un gobierno católico, aparte de un puñado de republicanos que, por imitación extra lógica, admiraban el sistema adoptado por los Estados Unidos y, aparte de los masones que obedecían ciegamente lo que sus jefes les ordenaban en las logias; aparte de todos esos sujetos, Iturbide se enfrentaba con la poderosa casta de acomplejados, resentidos y envidiosos.

Sujetos que no podían soportar que un militar joven, apuesto y procedente de una de las mejores familias de la señorial Valladolid fuese el hombre destinado a regir uno de los imperios más vastos y con mayores riquezas naturales que en esos momentos existía en el orbe.

A dichos sujetos, despreciables reptiles, no les importaban tanto ni la ideología, ni la religión, ni la acción subterránea de las mafias.

A dichos sujetos lo único que les importaba era destruir el objetivo de su envidia: Agustín de Iturbide.

Y fruto de su odio acomplejado fue que no les importase colaborar -aun cuando ninguna ganancia obtuviesen- con los elementos anteriormente señalados.

Dejemos que sea el propio don Agustín de Iturbide quien nos dé su opinión acerca de los sujetos que integraban el Congreso:

"No se buscaron los hombres más dignos, tampoco los decididos por un partido determinado, bastaba que el que había de elegirse fuera mi enemigo, o tan ignorante que pudiese ser persuadido con facilidad, con sólo uno de estos requisitos ya nada le faltaba para desempeñar un cargo tan sagrado

---

[84] Iturbide. Agustín de, **Sus Memorias escritas desde Liorna**, Editorial Jus, 1ª Edición, México, 1973, página 8.

como el que iba a conferírsele"[85].

Complementando la queja expresada por el Libertador, diremos que, más que elementos ineptos o envidiosos, quienes manipularon la integración del Congreso lo primero que tomaron en cuenta fue que los nuevos diputados o bien fuesen masones o bien reuniesen los requisitos exigidos por las logias para afiliarse a la Masonería.

A pesar de que la instalación del Congreso se había iniciado con procesión y juramento en catedral prometiendo, delante de un Crucifijo, conservar la religión católica, guardar la Independencia de México y redactar una Constitución basándose tanto en el Plan de Iguala como en los Tratados de Córdoba; a pesar de todo eso, muy pronto los nuevos diputados habrían de quitarse las máscaras mostrando su rostro verdadero.

Comentando la actitud hostil y negativa de los diputados constituyentes, Iturbide nos dice cuál debería ser la exclusiva misión del Congreso: "Su objeto principal era formar la constitución del Imperio, ni un solo renglón se escribió de ella. En el País más rico del mundo, el erario estaba exhausto, no había con que pagar al ejército ni a los empleados; no había de hacienda ni un sistema establecido, pues el que regía en tiempo del Gobierno Español se había abolido sin substituirle otro; el congreso no quiso ocuparse de negocio tan importante a pesar de las reclamaciones repetidas y urgentes que hice de palabra y por medio de las secretarías de estado. La administración de justicia estaba abandonada"[86]

Muy pronto habrían de darse los primeros roces.

Por lo pronto, el proyecto inicial de la Regencia postulaba que el nuevo Poder Legislativo se integrase con dos cámaras: **La Alta** que representaría al clero, al ejército, a las provincias y a las ciudades. **La Baja** que representaría a los ciudadanos.

El proyecto de Iturbide consistiría en un sistema bicameral en el que sus miembros procederían de clases sociales y gremios.

Pues bien, y es aquí donde empiezan los problemas: Los diputados deciden rechazar el proyecto bicameral para implantar el de una sola cámara.

Tanto cuando se emitió la convocatoria a elecciones como cuando se inauguró solemnemente la instalación del Congreso, Iturbide les recordó que habrían de trabajar en un proyecto que comprendiese dos cámaras.

Cedemos la palabra al constitucionalista Felipe Tena Ramírez:

"El Congreso, además, "se reservó el ejercicio del poder Legislativo en toda su extensión", lo que significaba que ejercería, no sólo el poder

[85] Cfr. Gutiérrez Casillas, S.J., José, **Memorias del Ilustre Príncipe Emperador de México, hechas en su destierro**, en **Papeles de don Agustín de Iturbide**, Editorial Tradición, 1ª Edición, México, 1973, página 231.
[86] **Ídem.** página 233.

constituyente, sino también el legislativo ordinario…

…

"La amplitud legislativa se destacó aún más por el hecho de que el Congreso no se fraccionó en dos Cámaras, a pesar de que Iturbide les recordó el día de su instalación que tal era lo prescrito por la convocatoria"[87].

Aparte de no cumplir con lo establecido, o sea redactar una Constitución, los diputados constituyentes empezaron a ejercer una serie de funciones que no les correspondían.

Citamos a José Bravo Ugarte, S.J.

"La actuación del Constituyente fue, en general, la de un Soberano Absoluto: habiendo hecho irrisoria la división de Poderes con la simple delegación del Ejecutivo en la Regencia, obraba a su arbitrio, "falto de reglas": no se dividió en dos cámaras, como estaba prevenido en la Convocatoria, "no escribió un solo renglón" de la Constitución, gastó el tiempo en asuntos ajenos o contrarios a su misión y que, o ya estaban decididos o lo hubieran quedado mediante aquella; y se ocupó principalmente en hacer la guerra a Iturbide, en cuyos planes sólo veía tiranía y ambiciones. "Lo más atroz" de esa guerra al Libertador estaba en negar a la Regencia que presidía los recursos que necesitaba para la administración pública y más urgentemente para el sostenimiento del Ejército"[88]

A pesar de que la inmensa mayoría de los mexicanos estaba tanto con el Plan de Iguala como con su autor, los elementos mafiosos que controlaban el Congreso constituyente se preocuparon de cualquier minucia antes que atender lo esencial.

Dar vida a una Constitución a los constituyentes les importaba un bledo; es más, hacían hasta lo imposible para que el proyecto constitucional abortase antes de nacer.

Y es que, como tipos tramposos que eran, sabían mejor que nadie que, en el momento en que la tan deseada Constitución fuese promulgada, a partir de ese momento -por haber cumplido ya la misión encomendada- ellos se quedarían sin empleo a la vez que Iturbide cobraría tal fuerza que sería prácticamente invencible.

Muy oportuno resulta citar aquí a Fray Servando Teresa de Mier, enemigo acérrimo de Iturbide y uno de los diputados que formaban parte del Congreso constituyente:

"Por ese motivo fue que resolvimos trabajar inmediatamente un proyecto de leyes constitucionales, el cual diese testimonio a la nación, que si hasta

[87] Tena Ramírez, Felipe, **Leyes Fundamentales de México**, Editorial Porrúa, 4ª Edición, México, 1971, página 121.
[88] Bravo Ugarte, S.J, José, **Historia de México,** Editorial Jus, 3ª Edición, México, 1962, Tomo III, Volumen I, página 130.

entonces nos habíamos resistido a dar una Constitución, aunque Iturbide nos la exigía, fue por no consolidar su trono; pero que luego que logramos libertarnos y libertar a la nación del tirano, nos habíamos dedicado a cumplir el encargo de constituirla"[89].

A confesión de parte, relevo de prueba.

Cuánta razón tienen los abogados cuando afirman que "**la confesión es la reina de las pruebas**"

Esa es la explicación por la cual los diputados constituyentes organizaban fiestas y celebraciones cívicas y -en el colmo de su aversión al Libertador- se propusieron honrar a Hidalgo y demás insurgentes que Iturbide había combatido.

Actuar de ese modo no era un despiste. Sabían muy bien lo que hacían y en este caso concreto lo que pretendían era mortificar al Libertador haciéndolo sentir mal.

Al mismo tiempo, la situación económica se iba deteriorando rápidamente y por esta razón las tropas no pagadas iban desertando, lo cual provocaba que Iturbide se fuera debilitando.

"**Cuando Dios dice a fregar, del Cielo caen las escobetas**" afirma un ingenioso refrán mexicano y en aquellos primeros meses del México independiente las cosas parecían ir de mal en peor.

Aparte de la crisis económica que provocaba descontento en la población, así como deserciones en el Ejército, y aparte de la actitud insolente del Congreso en contra de Iturbide, un nuevo elemento vino a empeorar la situación: El rey Fernando VII le negó validez a los Tratados de Córdoba mediante los cuales España reconocía la Independencia de México.

Esto significaba que -sumados todos los problemas antes mencionados- se corría el riesgo de que en un futuro inmediato tropas españolas pudiesen invadir territorio mexicano.

Ahora bien, el hecho de que España desconociese los Tratados de Córdoba, traía como consecuencia inmediata que cualquier miembro de la Casa Real española quedase automáticamente excluido como candidato al trono mexicano con lo cual -apoyándose en los mismos Tratados de Córdoba- se planteó la posibilidad de que cualquier otro personaje, especialmente alguno nacido en estas tierras, fuese coronado.

Es entonces cuando -en medio de la crisis y de la incertidumbre- ocurre un hecho inesperado: El Regimiento número Uno, que era el antiguo Regimiento de Celaya, a iniciativa del sargento Pío Marcha sale a la calle pidiendo que Iturbide sea declarado Emperador. Era el 18 de mayo de 1822.

Al grito de "¡Viva Agustín I, Emperador de México!" el Regimiento se

---

[89] Cfr. Gibaja y Patrón, Antonio, **Comentario a las revoluciones sociales de México**, Editorial Tradición, 2ª Edición, México, 1973, Tomo III, página 60.

lanza a la calle, pronto lo secundan las demás tropas de la ciudad y a las pocas horas una multitudinaria manifestación popular se une a la demanda.

"Recorriendo las páginas de nuestra historia, se da a veces con ciertas figuras cuya celebridad no tiene más origen que el de haber participado, activa o pasivamente, en algún suceso que se inició y culminó en el breve término de 24 horas... y, ciertamente esta fue la suerte que le cupo a Pío Marcha, el sargento del "Regimiento de Celaya", famoso por haber arrastrado a sus compañeros de cuartel hasta el palacio del Marqués de Moncada; y ofrecer allí a don Agustín de Iturbide, su antiguo coronel, asomado a los balcones, el cetro y la corona de un Imperio"[90].

Miles de personas llegan a la calle de San Francisco y se presentan ante el Palacio de los Marqueses de Jaral de Berrio pidiendo a gritos su exaltación al Trono.

Iturbide se sorprende, ve con repugnancia el pronunciamiento y, en un principio, se resiste.

Sin embargo, sus allegados que allí están presentes le advierten que es muy peligroso desafiar al pueblo negándose a sus peticiones, razón por la cual le piden que ceda a la voluntad general y que convoque al Congreso.

El presidente del Congreso convoca a los diputados a una sesión extraordinaria y al día siguiente (19 de mayo) a las 7 de la mañana se reúnen más de 90 legisladores.

Vale la pena citar los argumentos que, en tan memorable, ocasión expuso Valentín Gómez Farías, diputado por Zacatecas:

"Rotos aquel Tratado (el de Córdoba) y el Plan de Iguala por no haber sido aceptados por España, los diputados estaban autorizados por aquellos mismos tratados a dar su voto para que Iturbide fuese declarado Emperador, confirmando de esta manera la aclamación del pueblo y del Ejército, recompensando debidamente los extraordinarios méritos y servicios del libertador de Anáhuac, y afirmando al mismo tiempo la paz, la unión y la tranquilidad, que de otra suerte desaparecerían acaso para siempre"[91].

Años más tarde, sería Gómez Farías uno de los prohombres del Partido Liberal que, mediante una serie de leyes, habría de iniciar el despojo de los bienes de la Iglesia.

La votación fue secreta y por 67 votos contra 15, Agustín de Iturbide fue electo Emperador.

El historiador liberal Alfonso Toro descalifica dicha elección diciendo que "la proclamación de Iturbide era ilegal, pues no había quórum en el congreso, ya que las dos terceras partes de él eran ciento cuatro diputados, debiendo

[90] Flores, D., Jorge, **Pío Marcha, Parva figura de un Gran Retablo**, Editorial Jus, 1ª Edición. México, 1980. páginas 5 y 6.
[91] Cfr. Alvear Acevedo, Carlos, **Op. Cit.**, página 258.

advertirse que a los borbonistas les había mandado decir Iturbide, que no concurrieran a la sesión ni se presentaran; porque él no respondía de sus vidas.

"Elegido así Iturbide emperador como los césares de la decadencia, por un ejército pretoriano secundado por el populacho, se procedió luego a dar forma al imperio"[92].

Respecto a la grave acusación que lanza el citado autor, nosotros preguntamos: ¿Puede Alfonso Toro probar que Iturbide amenazó de muerte a los diputados borbonistas? ¿En qué fuentes fidedignas se apoya para sostener dicha acusación?

Es muy fácil afirmar, lo difícil es probar; lo primero forma parte de la literatura novelesca, en cambio lo segundo pertenece a la historia científica.

En otro orden de ideas y rebatiendo no solamente a don Alfonso Toro sino a quienes sostienen las mismas acusaciones, diremos que, si acaso hubiese existido alguna nulidad, ésta se convalidó el día 21 cuando 106 diputados, sin presiones y con absoluta tranquilidad, ratificaron la elección.

José Joaquín Fernández de Lizardi, "El Pensador Mexicano", comentó en aquellos días que, si Iturbide no hubiera aceptado el Trono, aparte de echársele encima el pueblo que lo aclamaba, en el Congreso se habría dado un vacío de poder que podría haber hundido al país en una guerra civil.

Citamos ahora al historiador Alfonso Trueba:

"Está claro: la nación sí quería que Iturbide mandara con el título de emperador, y si el congreso quería otra cosa era porque no representaba a la nación"[93].

Antiguos realistas, así como antiguos insurgentes, entre los que destacan Antonio López de Santa Anna, Vicente Guerrero y Nicolás Bravo se adhirieron a lo aprobado en el Congreso.

"En toda la historia de México no ha habido un gobernante más legítimo que el Emperador Agustín de Iturbide, y jamás un congreso ha representado tan fielmente a la nación como el constituyente en el momento de elegirlo"[94].

Pocas semanas después, el 21 de julio de 1822, en medio de una fastuosa ceremonia, Agustín de Iturbide y su esposa Ana María Huarte son coronados en la Catedral de la Ciudad de México.

En aquellos momentos era tal el prestigio del Libertador de México que otras naciones y provincias pidieron unirse al Imperio Mexicano: La primera provincia que se adhirió fue la de Yucatán y a continuación lo hicieron la

---

[92] Toro, Alfonso, **Historia de México,** Editorial Patria, 16ª Edición, México, 1973, página 267.
[93] Trueba, Alfonso, **Iturbide. Un destino trágico**, Editorial Jus, 3ª Edición, México, 1959, página 149.
[94] **Ídem**, página 152.

Capitanía de Guatemala, así como toda Centroamérica, que no dependían de la Nueva España.

Los límites del Imperio llegaban por el sur hasta Panamá y por el norte hasta más allá de la Bahía de San Francisco.

Refiriéndose al vastísimo territorio que componía el Imperio Mexicano, el historiador José Macías, S.J. nos dice que "la bandera de las Tres Garantías comenzó a ondear desde Panamá por el sur, y por el norte sobre el vasto territorio que abarcaba una línea imaginaria desde la Alta California hasta el río Mississippi..."[95].

Un enorme imperio que superaba en extensión al de Austria-Hungría en Europa y que estaba destinado a convertirse en una gran potencia cuyos habitantes se entendían en español y que en su inmensa mayoría profesaban la religión católica.

"Teníamos todas las ventajas para atraer a nuestro territorio la población extranjera, y para multiplicar con ella todos los giros y producciones, dando al país el poder y nombradía que le habían proporcionado los pocos años de que necesitaba para asegurar su felicidad interior, y respeto en lo exterior.

.....

"Si México hubiera sido poderoso y feliz, y si nuestra raza, andando el tiempo, hubiera podido competir con la del norte, favorecida por una constitución acomodada a su carácter y costumbres, las relaciones con los países europeos habrían tenido otra importancia, que seguramente se respetaría mucho hoy por todos sus gobiernos"[96].

Consciente de la gran responsabilidad que había caído sobre sus hombros, es muy probable que, más que júbilo, Iturbide haya sentido la zozobra propia de quien presiente que se avecinan tiempos muy difíciles.

"Emperador sin imperio efectivo", nos dice Ezequiel A. Chávez, "nególe en efecto el Congreso aún el derecho de organizar un cuerpo de policía y de hacer que se juzgase a quienes trataron de despedazar al país por la violencia"[97].

Y es que quienes desde las sombras eran manipulados por las logias no podían resignarse a que surgiese en América un imperio hispano católico.

Y lo más grave de todo: Que ese imperio hispano católico pudiera contener los afanes expansionistas de una nación anglo protestante llamada Estados Unidos de América.

---

[95] Macías, José S.J., **Iturbide**, Editorial Tradición, 2ª Edición, México, 1986, página 113.
[96] Cuevas, Luis G.**, Porvenir de México**, Editorial Jus, 1ª Edición, México, 1954, página 12.
[97] A. Chávez, Ezequiel, **Agustín de Iturbide. Libertador de México**, Editorial Jus, 2ª Edición, México, 1962, página 223.

Muchos y muy peligrosos eran los enemigos a los que habrían de enfrentarse el Emperador y los habitantes del Imperio Mexicano.

Enemigos muy peligrosos que, debido a la naturaleza secreta de la Masonería, eran invisibles y podían atacar en el momento menos pensado.

"El secreto es una táctica eficaz. Permite infiltrarse en las clases sociales, especialmente en las directivas de la sociedad civil y en las religiones e iglesias sin provocar reacciones en la medida de lo posible.

…

"Más aún si no se sabe quiénes son masones, menos se sabrá quiénes y cuántos han dejado de serlo, ni quiénes y cuántos se han vuelto a incorporar"[98].

No nos cabe la menor duda de que la razón le asiste a Monseñor Francis Clement Kelley quien, con un estilo bastante truculento, nos comenta la solemne coronación de Agustín I.

"Cuando pusieron el armiño de emperador sobre los hombros de Iturbide, no hicieron más que adornar a una víctima especial para sacrificarla. El viejo Huitzilopochtli en los infiernos, debe haberse relamido los belfos sacudiendo sus ijares a carcajadas. Este sí que iba a ser un corazón enorme para su gula, y ya vendrían otros más. Al viejo Huitzilopochtli no le importaban las almas. Pero le encantaban los corazones estrujados"[99]

---

[98] Guerra Gómez, Manuel, **El árbol masónico**, Digital Reasons, 1ª Edición, Madrid, 2017, páginas 222 y 223.

[99] Clement Kelley, Monseñor Francis, **México el país de los altares ensangrentados**, Traducción de Guillermo Prieto-Yeme, Editorial Polis, 1ª Edición, México, 1941, página 150.

CAPÍTULO VI
CALIFORNIA A LA VISTA: HAY
UN ESTORBO EN EL CAMINO

El 9 de diciembre del año de gracia de 1803, la Plaza Mayor de la Muy Noble y Leal Ciudad de México vivió uno de los momentos históricos más importantes en la vida de la antigua Gran Tenochtitlán.

Con toda la solemnidad que el acontecimiento requiere, presidiendo desde el balcón central de Palacio el virrey don José de Iturrigaray, se descubrió la estatua ecuestre de Su Majestad Carlos IV ("El Caballito"), obra suprema de don Manuel Tolsá, "El Fidias valenciano" como en aquellos tiempos se dio en llamar a quien era también autor tanto del Palacio de Minería como de las torres en forma de campana de la Catedral de México.

Una gran multitud de damas y caballeros de probada alcurnia honra con su presencia tan magno acontecimiento.

Uno de ellos, el Barón Alexander von Humboldt, quien vivía en la casa número 3 de la calle de San Agustín (hoy Uruguay), que había recorrido vastos territorios del imperio español y que en esos momentos se pavoneaba presuntuoso del brazo de una vieja conocida nuestra, de una mujer que, según sus propias palabras era "la mujer más hermosa que había visto en el curso de sus viajes". Ya nuestros amigos lectores la han reconocido: La Güera Rodríguez.

No obstante, poco le duró el pavoneo al Barón de Humboldt puesto que, después de recorrer gran parte del Mundo Hispánico, tenía que concluir la misión que le habían encomendado.

A pesar de que venía de visitar Cuba, Colombia, Perú y Ecuador, fue en México donde Humboldt realizó sus investigaciones más exhaustivas.

Un hombre incansable que lo mismo pasaba días enteros hurgando polvorientos volúmenes de los archivos virreinales que bajando a las minas de los Andes o de la Nueva España.

Fruto de esos trabajos de investigación y análisis de la realidad novohispana fue su conocido y muy documentado **"Ensayo político sobre el reino de la Nueva España"**

Ante los asombrados ojos de la Vieja Europa, los estudios de Humboldt mostraron una América nueva y distinta debido a que este científico elaboró los mapas más exactos de su época. De manera muy especial es famoso un mapa de su autoría que describe el Camino Real de tierra adentro indicando detalladamente el trayecto que va desde la Ciudad de México hasta Santa Fe.

Y es que, durante los años que permaneció en tierras americanas, Humboldt recabó una extensa información en la parte científica e incluso militar.

Un hombre incansable que, por la prisa que tenía de llevar a feliz término sus investigaciones, tal parecía que el tiempo se le iba como agua entre las manos.

Y es que Humboldt tenía prisa no tanto por investigar sino más bien por observar.

Analizando con detalle su actuación, podríamos decir que se trataba de un espía disfrazado de científico.

Una vez que hubo integrado su estudio, con el pesar que supone despedirse para siempre de la mujer que le había servido de edecán o sea "la más hermosa que había visto en el curso de sus viajes", Humboldt abandona tierras de la Nueva España.

Se embarca en Veracruz, desembarca en La Habana y de allí se dirige a Filadelfia donde lo recibe nada menos que el mismísimo presidente Thomas Jefferson.

El encuentro de ambos personajes no se trató de una fría visita protocolaria que bien pudo haberse desahogado en menos de media hora. Humboldt se entrevista con Jefferson a quien le entrega todos los mapas que había elaborado de la Nueva España.

Al presidente norteamericano le interesa de manera muy especial el mapa del Camino Real que va desde México hasta Santa Fe, puesto que en el futuro podría serle de gran utilidad a los soldados yanquis a quienes se les encomendase entrar como invasores dentro del territorio mexicano.

Y también le interesó -y mucho- la información que Humboldt le proporcionó acerca de las Montañas Rocosas ya que, gracias a dicha información, el presidente sacó la conclusión de que, hacia el poniente, en los territorios novohispanos de la Alta California, era muy probable que hubiese oro.

Apenas el año anterior (1802), el mismo presidente Jefferson le había comprado a Francia el enorme territorio de la Luisiana, con lo cual la joven república daba un gran salto hasta el poniente hasta toparse de frente con los límites que marcaban las fronteras de la Nueva España.

"Al adquirir a Francia el enorme e indefinido territorio de la Louisiana, el gobierno de Jefferson clavo la primera banderilla al toro español"[100].

Vale la pena que hablemos un poco de Thomas Jefferson, tercer presidente de los Estados Unidos.

Había nacido en Shadwell, Virginia, en 1743 y fue el primer redactor de la Declaración de Independencia de los Estados Unidos. Vicepresidente de su país en 1797 y presidente entre 1801 y 1809.

---

[100] Fuentes Mares, José, **Génesis del expansionismo norteamericano,** El Colegio de México, 1ª Edición, México, 1980, página 15.

Años atrás, Jefferson, en una carta que, en 1786, le había escrito a un tal Stuart, decía lo siguiente: "Nuestra Confederación ha de verse como el nido desde el cual se poblará América entera, tanto la del Norte como la del Sur"[101].

Quince años despúes le escribía lo siguiente a James Monroe: "Aunque por hoy nuestros intereses nos fuercen a permanecer sujetos a nuestras actuales fronteras, es imposible dejar de prever lo que ocurrirá en cuanto nuestra población se extienda y cubra por entero el continente del norte, si no es que también el del sur"[102].

Jefferson era un lector asiduo de todo lo que, ya fuese en Francia o en Inglaterra se escribiera en contra de España.

Y fue así como, fruto de esas lecturas, así como de su intolerante credo calvinista, tanto Jefferson como los presidentes que le sucedieron en el cargo fueron quienes dieron vida e impulsaron la **Doctrina del Destino Manifiesto.**

Quien viaje a Ginebra, Suiza, y visite la catedral protestante de San Pedro, podrá observar como a los turistas se les muestra un mueble que es venerado como si fuese una sagrada reliquia: La silla en la cual se sentaba y predicaba Juan Calvino, autor de la doctrina de la predestinación.

No es objeto de este trabajo entrar en mayores detalles. Baste decir que Calvino es el apóstol del fatalismo religioso que consiste en afirmar que Dios -sin tener en cuenta las buenas o malas obras- determina quienes se han de salvar y quienes se han de condenar.

Una tremenda desolación produjo esta doctrina entre los seguidores de Calvino; no obstante, dicho heresiarca -que de tonto no tenía un pelo- se sacó un as de la manga con el cual logró tranquilizar a sus adeptos: Ciertamente, Dios había decidido quienes se habrían de salvar y quienes se habrían de condenar; más, sin embargo, ese mismo Dios daba una señal con la cual marcaba a sus elegidos.

Una señal que consistía en las riquezas o sea que todo aquel que tuviera bienes en abundancia -aunque fuesen mal habidos- era un predestinado a la gloria eterna.

"Calvino", afirma el historiador Daniel Olmedo, S.J. "es el padre del Puritanismo, caricatura farisaica muchas veces de la Moral Cristiana. Por otra parte, la lucha a muerte del calvinismo contra otras muchas actividades humanas (desordenadas o peligrosas, o injustamente por él condenadas) y su negación del mérito de las buenas obras, hará que muchos se dediquen a ganar dinero (la economía es virtud por ellos muy encomiada) abriendo así

---

[101] Ibídem.
[102] Ibídem.

camino al Capitalismo moderno"[103].

No nos cabe la menor duda de que lo más grave de una herejía (un error, a fin de cuentas) no es tanto lo que dicha herejía sostiene, sino más bien a donde dicho error conduce.

Y en el caso de la herejía calvinista las consecuencias están a la vista: Deseando formar parte del número de los elegidos, quienes siguen esta doctrina de la predestinación se dedicarán a ganar dinero a como dé lugar puesto que así habrán de ganar un lugar en el Cielo.

Y, por supuesto, como ningún valor tienen las buenas obras, tampoco importará que se acumulen riquezas mediante fraudes, despojos o incluso asesinando a quien se ponga enfrente.

Según Calvino, todo, absolutamente todo, es válido con tal de volverse rico y de ese modo conseguir la garantía de la eterna salvación.

"La riqueza se convierte, según dijimos, en prueba de salvación, el éxito secular transparenta la santidad mundana del electo. La búsqueda tesonera de bienes terrenales y la acumulación subsiguiente de dichos bienes se convierten en la principal tarea de la vida social"[104].

Pues bien, seguidor ferviente de la doctrina calvinista era un Thomas Jefferson a quien los documentos que le había entregado el Barón de Humboldt le habían abierto los ojos, despertando instintos de avaricia insaciable que tenían como objetivo una California que en sus entrañas escondía toneladas de oro.

"El hombre puritano elegido, el electo, verbigracia el que, en cuanto tal, tiene plena confianza (fiducia) de ser elegido; se siente predestinado a ser amo del mundo. Con el poder del Señor y por el honor y gloria de Dios se juzga predestinado a dominar y pues transformar al mundo"[105].

Sumado a todo lo anterior, entre los dirigentes de la nueva Unión Americana (Estados Unidos) existía el temor de que potencias europeas -especialmente Rusia e Inglaterra- pudieran apoderarse de territorios limítrofes.

La meta (California) estaba ya a la vista. Sin embargo, ante la difícil situación geopolítica del momento, los angloamericanos decidieron proceder con la cautela propia de una fiera que se encuentra al acecho.

Jefferson concluyó su período en 1809, no obstante, la valiosa información que había recibido se la entregó a quienes le sucedieron en el mando para que pudieran aprovecharla en cuanto la situación fuese más propicia.

---

[103] Olmedo, S.J., Daniel, **La Iglesia Católica en la Edad Moderna,** Obra Nacional de la Buena Prensa, 2ª Edición, México, 1963, página 104.
[104] Ortega y Medina, Juan A., **Destino Manifiesto,** SepSetentas, 1ª Edición, México, 1972, página 98.
[105] **Ídem,** página 94.

"¿Justificaciones? Nunca faltaron ni faltarán. Los angloamericanos aprendieron de sus padres a justificarse por la fe en dos o tres dogmas enraizados en su conciencia pública y privada: la extensión y la defensa de la libertad en el mundo entero; la legítima defensa frente al amago de los malos; la consolidación de sus fronteras nacionales, y la convicción de hacer la historia bajo el manto protector de la Providencia divina. De un Dios tan favorecedor que, si con una mano creó las pródigas tierras de América, con la otra las asignó a sus hijos predilectos"[106].

Apoyándose en la creencia de ser el pueblo elegido de Dios, pueblo destinado a purificar al resto de la humanidad; dicha creencia les permite hacer lo que les venga en gana.

Y fue así como los angloamericanos fueron absorbiendo territorios no importándole despojar a los nativos, no importándole comprar territorios a bajo precio a las potencias europeas o no importándole -si no quedaba otra alternativa- eliminar físicamente a quien se les pusiera delante.

"Con esa seguridad, los angloamericanos recorrieron en un siglo el largo camino entre la nada y el poder. Reconocerlo no es agradable para los pueblos españoles, mas volver las espaldas a los hechos evidentes, sólo porque nos afectan, sería tan insensato como negar la existencia de los establos porque nos hostigan sus desagradables olores"[107].

"Adquirida Louisiana en 1803, la nación avizoraba nuevas y audaces aventuras: la marcha hacia el Pacífico, sobre territorios ingleses y españoles; el cebo irresistible del Canadá y las Floridas; las fértiles y deshabitadas tierras septentrionales de la Nueva España, el oro y la plata de sus minas"[108].

Con la compra de Luisiana a Francia, los Estados Unidos habían hecho un negocio redondo, puesto que -aparte de la modesta suma de quince millones de dólares- aquí la gran ganancia consistía en que el contrato de compraventa no consignaba datos precisos acerca de la extensión y límites de dicha provincia.

Esto es de una gran importancia puesto que la extensión y fronteras imprecisas de Luisiana habrían de provocar conflictos favorables a los compradores (Estados Unidos), conflictos que acabarían perjudicando primero a España y posteriormente -una vez que lograse su independencia- a México.

Cedemos la palabra a Martín Quirarte:

"Feliz país aquel que con un poco de esfuerzo y gracias a una política hábilmente dirigida, había utilizado a los ingleses para acabar con el peligro francés. Obtenía después de la alianza de Francia y España para lograr su independencia. Y unos años más tarde por un precio irrisorio, compraba uno

---

[106] Fuentes Mares, José, **Óp. Cit.** página 58.
[107] Ídem. página 47.
[108] Ídem. página 51.

de los más vastos imperios del mundo. Pero todos aquellos pasos no eran sino el comienzo de una expansión territorial. España y México harían más por el engrandecimiento de la nueva república que los propios Estados Unidos"[109].

En cierta ocasión, un embajador gringo, al que le preguntaron si los Estados Unidos eran o no expansionistas, se limitó a responder cínicamente:

-Los Estados Unidos no son expansionistas. A nosotros únicamente nos interesan los terrenos que van quedando colindantes con los nuestros.

Llegamos así al 22 de febrero de 1819, fecha en la cual, siendo James Monroe presidente de los Estados Unidos, se firma el Tratado de Amistad y Límites que es suscrito por el ministro de España don Luis de Onís y por el secretario de Estado John Quincy Adams.

El **"Tratado Adams-Onís"**, cómo popularmente se le conoce, marcaba la frontera entre los Estados Unidos y el virreinato de la Nueva España. Según dicho Tratado, España cedía las Floridas Oriental y Occidental a los Estados Unidos, reconocía los derechos angloamericanos sobre el Mississippi y renunciaba a cualquier reclamación por encima del paralelo 42, lo cual significaba decirle adiós al territorio de Oregon.

España recibía una indemnización, así como el que los Estados Unidos renunciasen a reclamar la provincia de Texas.

Otro negocio redondo para los calvinistas angloamericanos puesto que -a cambio de un puñado de billetes- se quedaban con Florida, punto desde el cual podrían controlar Cuba e incluso cerrar el paso al Golfo de México.

Asimismo -y esto es lo más importante- se asomaban al Océano Pacífico con lo cual empezaban a rodear el apetecible virreinato de la Nueva España.

A cambio de eso -repetimos- "renunciaban" a reclamar Texas; "renuncia" que como el tiempo acabó demostrando, se convirtió el papel mojado puesto que sería precisamente Texas la primera de otras ganancias que obtendrían a costa de México.

Un Tratado que muchos consideraron un logro personal de John Quincy Adams, tanto así que, como premio a su exitosa gestión, en 1825, este personaje pasó a convertirse el presidente de los Estados Unidos.

El virreinato de la Nueva España, y en su extremo noroeste la apetecible California, se hallaba al alcance de quienes, desde las orillas del Potomac, se consideraban herederos de un destino manifiesto que los impulsaba a conquistar el mundo para luego regenerarlo según el pensamiento del reformador de Ginebra.

Sin embargo, apenas habían transcurrido un par de años desde la firma del **"Tratado Adams-Onís"** cuando importantes acontecimientos ocurrían al otro lado de la frontera de la Unión Americana.

---

[109] Quirarte, Martín, **Visión panorámica de la Historia de México**, Librería Porrúa Hermanos y Cía., 4ª Edición, México, 1974, páginas 31 y 32.

Ocurrió que la nueva nación independiente, según el Plan de Iguala, adoptaba como forma de gobierno la Monarquía y en este caso muy especial pasaba a llamarse Imperio Mexicano. Un enorme imperio que iba desde el paralelo 42, colindando con el territorio de Oregon, hasta los confines de Centroamérica.

Ocurrió que, a pocos meses de alcanzar la Independencia, el imperio contaba ya con un emperador. Un emperador que respondía al nombre de Agustín de Iturbide y que todos proclamaban llamándole Agustín I.

Y ocurrió que el emperador Agustín I se manifestó no solamente católico sino también partidario de la unión entre americanos y españoles.

Esto último -católico y partidario de la unión de los pueblos hispánicos- fue lo que empezó a quitarle el sueño a James Monroe, en aquellos momentos presidente de los Estados Unidos.

Y es que, si los planes del emperador criollo llegaban a fructificar, no solamente se frenaría el avance yanqui hacia California sino -lo que más temían- podría integrarse un poderoso bloque hispanoamericano que podría poner en riesgo la existencia misma de la Unión Americana.

"No sé si Iturbide tenía una concepción geopolítica para su naciente imperio", afirma el maestro José Miguel Guevara Torres, "pero si tenía la sensatez necesaria para medir, cultura y comercio no tenían por qué cortarse con España y por ende con Europa, tanto como ésta reconociera la independencia del naciente México.

"Ahora bien, ¿es esto conveniente para nuestros vecinos del norte quienes tienen cincuenta años de estar viviendo su experimento republicano?, no lo es. Estados Unidos no reconoció el Imperio de Iturbide.

"Según el criterio de heartland y el ringland, evidentemente no era conveniente para ellos un territorio tan grande en su vecindad constituido en imperio en lugar de una república democrática. A ellos les venía bien un área de protección ante la Europa que veía con curiosidad e inquietud los sucesos en América con esta novedosa forma de gobierno de los Estados Unidos, por lo mismo, evitar que pegada a su frontera sur hubiera una sucursal de Europa en su cultura y forma de gobernarse"[110].

A Monroe no le quedó ya ninguna duda: California estaba al alcance de la mano sólo que, de improviso, había aparecido un estorbo en el camino.

Un estorbo llamado Iturbide que, para colmo de males, bien podría continuar aquella vocación misionera de la España Católica que se había interrumpido tras la llegada al Trono de la Casa de Borbón.

No hubo dudas: El plan expansionista del Destino Manifiesto no podía interrumpirse y, si algún obstáculo se atravesaba en el camino, ese obstáculo debería ser removido.

No obstante, era preciso evitar precipitaciones y actuar con cautela.

---

[110] Guevara Torres, José Miguel, **Democracia y rumbo**, Ediciones Mensaje Humanístico, 1ª Edición, México, 2019, páginas 127 y 128.

Más que la ofensiva abierta y descarada, era preciso atacar con disimulo, dividiendo al enemigo y, una vez dividido, lograr que -ya enfrentados a muerte entre sí- le rogasen al mismo que los había dividido que se convirtiera en árbitro de sus controversias.

Era preciso buscar el hombre que desempeñase dicho papel con la maestría propia de un Tartufo.

Muy pronto aparece el hombre. Un norteamericano de origen francés descendiente de hugonotes (así le llamaban en Francia a los calvinistas) que había nacido en Charleston (Carolina del Sur) en 1779 que había recorrido gran parte de mundo y que en todos los escenarios donde actuó le tocó ser héroe y villano al mismo tiempo.

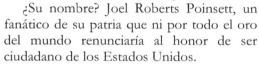

¿Su nombre? Joel Roberts Poinsett, un fanático de su patria que ni por todo el oro del mundo renunciaría al honor de ser ciudadano de los Estados Unidos.

José Fuentes Mares quien escribió la biografía más completa de dicho personaje, nos pinta su sicología en los siguientes párrafos:

"Poinsett -vivió 72 años- jamás pudo gozar de salud completa. Y su organismo empobrecido -murió tuberculoso- gestó en él un complejo definido: el del poder, el del dominio espiritual, el del imperio por los caminos de la inteligencia"[111].

"El intrigante, espiritualmente considerado, siente aversión hacia las manifestaciones ruidosas y exteriores del talento y las pasiones. Es, por naturaleza, comedido y lleno de reservas mentales; puede tener prendas sociales o carecer de ellas, pero nunca gustará de la oratoria, por ejemplo, ni de los desliz pasionales notorios"[112].

Un tipo flemático al que jamás la pasión descompuso una línea de su rostro ni mucho menos alteró el tono meloso que le era habitual.

Tanto al presidente Monroe como a la camarilla que le rodeaba (auténtico poder tras el trono) no les cupo la menor duda de que habían encontrado al hombre ideal para tan difícil misión.

Un hombre que llevaba instrucciones muy precisas, que sabía disimular sus sentimientos con la maestría propia del mejor de los actores y que los aliados más eficaces en su misión serían las logias masónicas que él mismo iría fundando a partir del momento en que pisase tierra mexicana.

[111] Fuentes Mares, José, **Poinsett. Historia de una Gran Intriga,** Editorial Jus, 4ª Edición, México, 1964, página 6.
[112] **Ídem.** página 7.

"Masones existían casi desde el principio de la guerra de independencia; pero la fundación de las logias yorkinas (que en los Estados Unidos son de tendencias moderadas y hasta conservadoras) se debe a Poinsett, que festejó a los que habían de tomar aquí al yorkinismo como bandera de demagogia y se constituyó en mentor suyo"[113].

Monroe y su camarilla felicitan a Poinsett, le desean mucha suerte y respiran tranquilos al ver cómo el personaje que ha entrado en escena ayudará a remover el estorbo que les impide llegar a California.

---

[113] Salado Álvarez, Victoriano, **Poinsett y algunos de sus discípulos,** Editorial Jus, 1ª Edición, México, 1968, página 5.

CAPÍTULO VII
CAMINO DEL CADALSO

Llevaba ya varios meses como Emperador cuando a Iturbide le informan que los Estados Unidos se disponen a enviar un agente especial como visitante y observador.

Pero no solamente le informan al emperador de la inminente llegada de un diplomático tan especial. Le informan también de sus antecedentes, haciendo hincapié en que es intrigante por naturaleza y -lo más peligroso para el Imperio- que se trata de un furibundo propagandista del sistema republicano que es el tipo de régimen que existe en su país.

Tomando conciencia del peligro y viendo lo que se le viene encima, Iturbide decide tomar cartas en el asunto.

Después de una breve estancia en Puerto Rico, Poinsett desembarca en Veracruz el 19 de octubre de 1822 y, a pesar de que -con fecha del 5 mes- el secretario de Relaciones Exteriores le había ordenado al comandante del puerto, Antonio López de Santa Anna, que no lo dejara pisar tierra mexicana, Santa Anna no solamente desobedece, sino que -después de saludarlo con un significativo apretón de manos- le da una cordial bienvenida.

Al día siguiente, el gentleman angloamericano marcha a Jalapa donde se entrevista con un hombre que goza de todas las confianzas del Emperador: El capitán general José Antonio Echávarri quien, a pesar de ser tan cercano a Iturbide, recibe también a Poinsett con un simbólico apretón de manos.

El caso es que, antes de llegar a la Ciudad de los Palacios, Poinsett ha convivido con oficiales del Ejército Trigarante, ha tenido larguísimas charlas con ellos y, fruto de todos estos contactos, ha logrado conformar una visión de la situación actual del país.

Poinsett, quien antes de conocer personalmente a Iturbide, sentía por él una antipatía visceral, tenía muy clara cuál habría de ser su conducta: Si el Emperador aceptaba el cambio de límites que le iba a proponer, lo reconocería para que cuanto antes firmase el Tratado respectivo.

Ahora bien, si Iturbide se negaba, su suerte estaba echada: Había que derrocarlo.

"En los Estados Unidos se odia al Libertador por no ceder ni un palmo de territorio, por su gobierno monárquico, aunque constitucional y sobre todo por la garantía simbolizada por el color Blanco de la Bandera Nacional:

la Religión Católica en toda su pureza"[114].

Y mientras Poinsett va camino de la capital, prudente será que veamos qué es lo que había ocurrido a partir de la ascensión al Trono de Agustín I.

Las divisiones que existían dentro del Congreso no tardaron en salir a flote y fue así como borbonistas, republicanos y antiguos insurgentes -todos ellos manipulados por las logias- emprendieron una fuerte oposición contra el Emperador.

Muy pronto una serie de personajes, entre los que destacan Miguel Santa María, Vicente Rocafuerte, Miguel Ramos Arizpe y José Mariano Michelena, empiezan a cobrar cada vez más protagonismo anti iturbidista.

Dentro de un clima de creciente inestabilidad, el general Felipe de la Garza, gobernador militar de la provincia de Nuevo Santander, se levanta en armas.

Iturbide hace marchar contra el rebelde al comandante de San Luis Potosí, lo cual creó tal pavor en el rebelde que acabó rindiéndose e implorando perdón.

Más tarde se presenta en la Ciudad de México. El Emperador no solamente lo recibe con amabilidad, sino que le mantiene en el mando militar de la provincia.

Un par de años más tarde, Felipe de la Garza corresponde a tan noble gesto asesinando a Iturbide.

"¡Pobre Iturbide!", nos dice José Fuentes Mares, "Con la fama de sanguinario que le dieron no obstante haber sido más bueno que el pan"[115].

Y por si lo anterior no bastase, el antiguo gobernador de Veracruz, José Dávila -ahora refugiado en el castillo de San Juan de Ulúa- había dejado en libertad al dominico Fray Servando Teresa de Mier.

Era este personaje un tipo muy singular: inquieto, boquiflojo, vanidoso, megalómano, estrafalario y -sobre todo- rabioso enemigo de Iturbide.

El hecho de que Dávila lo hubiese puesto en libertad produjo el mismo efecto que arrojar una antorcha dentro de un almacén de dinamita.

Todos estos elementos, cada uno por su parte -coordinados todos por mandos secretos- contribuyeron a socavar las bases del primer gobierno independiente.

El Congreso que -como anteriormente dijimos- no era tanto legislativo sino más bien constituyente, se había convertido en una auténtica olla de grillos.

Por otra parte, una serie de conjurados trazaron un plan para sublevar al ejército, trasladar el Congreso a Texcoco y allí declarar que la designación del

---

[114] Abascal, Salvador, **La Revolución Mundial. De Herodes a Bush**, Editorial Tradición, 1ª Edición, México, 1992, página 58.
[115] Fuentes Mares, José, **Biografía de una Nación. De Cortés a López Portillo.** Ediciones Océano. 1ª Edición. México, 1982. página 114.

Emperador había sido nula.

La conjura fue denunciada, sus integrantes capturados y, al ver que varios de ellos eran diputados, Iturbide disolvió el Congreso. Era el 31 de octubre de 1822.

"Al congreso constituyente", nos dice Francisco Bulnes, "se le convocó para que hiciera la Constitución, y en ocho meses no trató de ese asunto al que debía su formación.

"El congreso constituyente de 1822 se hizo acreedor a la disolución por las bayonetas en virtud de haber usurpado facultades que hacían imposible cualquiera clase de gobierno responsable, comprendido el democrático"[116].

Cuatro días antes, el 27 de octubre, Poinsett había llegado a la Ciudad de México.

Cuando Poinsett llega a la Ciudad de los Palacios, la situación está que arde: Rumores golpistas, tensión, conspiraciones, diputados presos (a los que Poinsett visita en el convento de Santo Domingo) y -como remate- la disolución del Congreso.

Pocos días después, el 3 de noviembre, el Emperador recibe en Palacio al enviado de los Estados Unidos. Pero dejemos que sea el mismo Poinsett quien nos cuente cómo fue que se desarrolló aquella entrevista:

"El Emperador estaba en su gabinete y nos acogió con suma cortesía. Con él estaban dos de sus favoritos. Nos sentamos todos y conversó con nosotros durante media hora, de modo llano y condescendiente, aprovechando la ocasión para elogiar a los Estados Unidos, así como a nuestras instituciones, y para deplorar que no fueran idóneas para las circunstancias de su país.

...

"De trato agradable y simpático, y gracias a una prodigalidad desmedida, ha atraído a los jefes, oficiales y soldados a su persona, y mientras disponga de los medios de pagarles y recompensarle, se sostendrá en el trono. Cuando le falten tales medios, lo arrojarán de él"[117].

Es muy importante que resaltemos dos ideas de la cita anterior:

*Iturbide deploró que las instituciones de los Estados Unidos no fuesen idóneas para México.

*El Emperador se sostendrá en el Trono mientras pueda pagarles a los soldados.

El hecho de que Iturbide no aceptase el sistema republicano por considerar que lo idóneo para México era la Monarquía, le cerraba las puertas a un posible reconocimiento por parte de la potencia anglo protestante que pugnaba precisamente, por lo contrario: Que el sistema republicano fuese

---

[116] Bulnes, Francisco, **La guerra de Independencia. Hidalgo-Iturbide**, Editora Nacional, Reimpresión, México, 1969, página 373.
[117] **Notas sobre México**. (Traducción Pablo Martínez del Campo) Editorial Jus. 2ª Edición. México, 1973. Páginas 116 y 117.

adoptado por las naciones hispánicas que acababan de obtener su independencia.

Al darse cuenta de que los soldados dejarían de sostener al Imperio en cuanto les escatimasen el sueldo, Poinsett encontró la posible solución al problema: Había que hacer hasta lo imposible para que a las tropas les faltase la paga.

Por supuesto que de eso se habían encargado ya los diputados al legislar de un modo tan torpe que, de hecho, resultase imposible mantener decorosamente al ejército.

Todo marchaba sobre ruedas. Sin embargo, a Iturbide aún le quedaba una esperanza para afianzarse un poco de tiempo en el Trono. Una esperanza que consistía en que aceptase lo que, referente a la cuestión fronteriza, Poinsett venía a proponerle.

"El territorio de México no difería en lo más mínimo del que había sido de la Nueva España, y por ello, en esta materia, no podía hablarse sino de una verdadera sustitución por parte de México, de los derechos que a España le competían en 1819. Los puntos dignos de ajuste eran insignificantes, y podían haberse arreglado fácilmente entre los dos países; pero…lo que en realidad se ocultaba bajo la inocente apariencia de un Tratado de Límites era la pretensión de ampliar enormemente, a costa nuestra, el Territorio de los Estados Unidos, y el Ministro venía autorizado a ofrecer a nuestro gobierno hasta un millón de pesos por la cesión de Texas, sólo que esta última oferta no se atrevió a hacerla, conociendo que de antemano se exponía a una negativa"[118].

Fue entonces cuando Iturbide decidió que fuese don Juan Francisco Azcárate quien tratase tan delicada cuestión.

Se celebra la entrevista entre ambos personajes y, sobre un mapa de América desplegado sobre el escritorio, el dedo de Poinsett va marcando la frontera anhelada por los jefes que allá en Washington esperan noticias.

En resumen, las pretensiones del norteamericano eran las siguientes: La entrega de Texas, Nuevo México, las dos Californias y la mayor parte de Sonora y Coahuila.

Como era de esperarse, Azcárate rechazó la proposición contestándole a Poinsett que no cedería ni un solo palmo de tierra puesto que el gobierno mexicano respetaría siempre el **"Tratado Adams-Onis"**, celebrado -como antes dijimos- por España y los Estados Unidos el 22 de febrero de 1819.

La suerte, tanto de Iturbide como del Primer Imperio Mexicano, estaba echada. Fue por eso que el mismo Poinsett escribió en su libro que "se teme que estalle la guerra civil, una horrorosa alternativa, pero en mi opinión sería mejor, de una vez, "dar la orden de degüello y saqueo y soltar los perros de

---

[118] Fuentes Mares, José, **Génesis del expansionismo norteamericano,** Colegio de México, 1ª Edición, México, 1980, página 73.

la guerra" que someterse a la tiranía y a la opresión"[119].

Y, efectivamente, una vez que se soltaron los perros de la guerra, con sus aullidos y mordiscos, empezaron a causar caos y zozobra a lo largo de todo el país.

Hablando como hablaría el cronista de una obra teatral, bien podríamos decir que, hasta ese momento, cada actor había interpretado su papel improvisando y sin coordinarse con sus compañeros de escena.

Ahora la situación había cambiado puesto que el director de la obra había tomado las riendas de la situación; y fue así como, entrando en contacto con las diferentes logias, logró coordinarlas a todas hasta converger en dos objetivos que eran básicos: Derrocar a Iturbide e implantar la República.

Como muy pronto veremos, la caída de Iturbide era inminente. Sin embargo, una vez derrocado el Emperador e instaurada la República... ¿Qué clase de república debería implantarse? ¿Centralista o federal?

Según Miguel Ramos Arizpe, habría de adoptar el federalismo.

Pero, según Fray Servando Teresa de Mier, habría de ser centralista ya que, según él, nadie dentro del Congreso sabía realmente "que casta de animal era una república federal".

Según Carlos Alvear Acevedo, el federalismo que aquí se implantó produjo el efecto contrario a lo que ocurrió en los Estados Unidos, "pues si allí sirvió el federalismo para unir a las colonias separadas hasta entonces, en México sirvió para desunir lo que estaba unido"[120].

Pues bien, si el federalismo habría de servir para desintegrar el enorme imperio hispano católico que podía servir de barrera al expansionismo anglo americano, a las mafias masónicas coordinadas por Poinsett no les cupo duda alguna: Sería el federalismo el sistema que habría de adoptar la naciente República.

Pero antes había que derrocar a Iturbide...

Aún no había transcurrido un mes desde la entrevista entre Poinsett e Iturbide cuando, resentido porque el Emperador pensaba quitarle el mando de la plaza de Veracruz, Antonio López de Santa Anna se rebela proclamando la República. Era el 2 de diciembre de 1822.

La revolución se propaga como incendio en un pajar, Iturbide envía tropas para sofocarla y, de momento, parece someter a los rebeldes.

En el sur se sublevan Vicente Guerrero y Nicolás Bravo quienes, tras sostener un enfrentamiento con las tropas imperiales, huyen después de ser derrotados.

Todo hacía suponer que Santa Anna sería derrotado en cuestión de horas puesto que se hallaba reducido a los muros de Veracruz.

---

[119] Poinsett, **Óp. Cit.,** página 192.
[120] Alvear Acevedo, Carlos, **La Educación y la Ley,** Editorial Jus, 3ª Edición, México, 1978, página 50.

Al mismo tiempo a Guerrero se le daba por muerto y de Bravo se ignoraba su paradero; por lo tanto -una vez que Santa Anna fuese derrotado- la revolución se extinguiría rápidamente.

El 1 de febrero de 1823, Santa Anna proclama el Plan de Casa Mata que -aparentemente- no buscaba destituir a Iturbide sino más bien reinstalar el Congreso.

Es entonces cuando Iturbide comete el que sería gran error de su vida: Le pide al general José Antonio Echávarri, uno de los militares que, por ser uno de sus mejores amigos, gozaba de todas sus confianzas, que marchase a someter a Santa Anna.

Vale la pena hablar brevemente acerca de la personalidad de José Antonio Echávarri.

Era Echávarri un militar de origen español (vascongado) a quien el virrey Apodaca había reducido a su mínima expresión por haberlo destinado a uno de los peores territorios del virreinato.

En poco más de un año, Iturbide lo ascendió de simple capitán de un cuerpo provincial a nada menos que Mariscal de Campo y Caballero de Número de la Orden Imperial de Guadalupe.

Asimismo, aparte de fungir como edecán del Emperador, José Antonio Echávarri era Capitán General de las provincias de Puebla, Oaxaca y Veracruz.

Por ser español y, apoyándose en la garantía de unión entre peninsulares y americanos plasmada en el Plan de Iguala, fue que Iturbide hizo que Echávarri dejara de ser un Don Nadie para convertirse en uno de los hombres más influyentes del Imperio.

Entretanto, los jefes de las diferentes mafias masónicas -dirigidos por Poinsett como si fuesen marionetas- empiezan a dar órdenes a sus subordinados, éstos se les cuadran y muy pronto empiezan a ocurrir acontecimientos inexplicables.

"Iturbide confiaba en Echávarri, y Echávarri no quería bien a Santa Anna, por lo que era de esperarse un fin rápido y favorable al Emperador, pero de las logias masónicas partió la orden y el Mariscal Echávarri obedeció de inmediato: adiós al Emperador y a la lealtad y a la gratitud. ¿Quién se acuerda ahora de las travesuras de Antonio López de Santa Anna? ¿Quién va a pensar en el posible matrimonio con la hija del Emperador? ¡Viva el Congreso! Lo demás son pamplinas.

"En Casa Mata, lugar del campamento de Echávarri, se pronunciaron las fuerzas imperiales en contra de los mandatos y política del Emperador. El imprescindible Plan lo redactó el colombiano Santa María, recién expulsado de México por peligroso, y al Plan se adhirieron los sitiados rebeldes de Santa Anna con Antonio a la cabeza y los sitiadores desleales y traidores. Cosas de la masonería y milagros entre hermanos masones"[121].

Poco tiempo después, en sus Memorias escritas en Liorna, el Libertador reconoce que "la falta que cometí en mi gobierno fue no tomar el mando del ejército desde que debí conocer la defección de Echávarri. Me alucinó la demasiada confianza, ya conozco que ésta es siempre perjudicial en hombre de Estado porque es imposible penetrar hasta donde llega la perversidad del corazón"[122].

Una vez que quien iba ganando se pone bajo las órdenes de quien iba perdiendo, los acontecimientos se precipitan con la misma rapidez con que lo hacen las aguas de una cascada.

Ocurrió que la revolución empezó a extenderse por todas partes con la fuerza con que se propaga un incendio en un pajar.

Ocurrió que jefes militares, cuerpos enteros del ejército, ayuntamientos y personalidades de prestigio mostraron pronto su adhesión al Plan de Casa Mata pasándose a las filas enemigas.

Una vez más se repetía lo que con el tiempo sería mexicanísimo fenómeno de "la cargada" que, así como antes se había dado en favor de Iturbide, se daba ahora en contra suya.

Muchos de los jefes militares que al principio estaban indecisos, al ver como las adhesiones al Plan de Casa Mata iban en aumento -sea por convicción o sea por oportunismo- empezaron a darle su apoyo al general Santa Anna.

El caso es que los mismos que tanta prisa habían tenido por pedirle a Iturbide que disolviera el Congreso y luego lo felicitaron por haberlo hecho, eran ahora los primeros en exigir que el Congreso fuese reinstalado.

Iturbide se había quedado totalmente aislado y con un poder tan reducido que únicamente comprendía la capital del país.

"La masonería dio al traste con el Trono de Iturbide, pero como quiera que comenzó a hacerle la guerra desde que proclamó el plan de Iguala, si hubo alguna falta, más o menos grave, fue la de habernos hecho independientes"[123].

Repetimos, un elemento que mucho contribuyó al éxito del Plan de Casa Mata fue el que se hiciera creer que el movimiento revolucionario no estaba dirigido contra Iturbide, sino que más bien lo que se pretendía era que los diputados volvieran a sesionar.

Evidentemente, esto era un engaño. Mas, sin embargo, debido a conducta

[121] Mena, Mario, **El dragón de fierro,** Editorial Jus, 1ª Edición, México, 1969, páginas 147 y 148.
[122] Iturbide, Agustín de, **Sus Memorias escritas desde Liorna,** Editorial Jus, 1ª Edición, México, 1973, página 33.
[123] Navarrete, Félix, **La Masonería en la Historia y en la Leyes de México,** Editorial Jus, 2ª Edición, México, 1962, página 48.

tan hipócrita se logró lo que parecía una paradoja: Que la enorme fuerza del iturbidismo fuese lanzada contra Iturbide.

Iturbide, viéndose cada vez más solo, restableció el Congreso el 7 de marzo de 1823 y, amargado por tantas deslealtades, presentó su abdicación el 19 del mismo mes.

El Congreso se negó a discutir dicha abdicación pues manifestó -contradiciendo lo que había aprobado meses antes- que la coronación había sido obra de la violencia.

Y los diputados fueron aún más lejos: Declararon insubsistentes tanto el Plan de Iguala como los Tratados de Córdoba. En esos momentos quedaba abierta la posibilidad de que se estableciera el sistema republicano.

Es casi seguro que Poinsett estaría frotándose las manos de gusto.

Cedemos la palabra al historiador Alfonso Trueba, uno de los mejores biógrafos de Iturbide:

"La comparación entre el modo de actuar del Iturbide que promovió la Independencia y el que acepta la corona de Emperador, acusa una notable diferencia. En el primer caso, toda la iniciativa es suya; él dirige, él encauza los sucesos, él marcha a la cabeza de todos. En el segundo, nos parece que va a remolque de los acontecimientos, arrastrado por una corriente contra la que no puede oponerse. O, en otros términos: primero asciende por su propio impulso; luego cae, por efecto de una ley fatal"[124].

Por su parte, José Gutiérrez Casillas, S.J. emite el siguiente juicio:

"Su falta de liderazgo en la vida civil puede atribuirse en parte a su juventud. Durante los primeros vacilantes pasos de una Nación que nacía, Iturbide se encontró destrozado entre sus personales anhelos y el miedo de establecer una dictadura. Esta vacilación fue su error frente a una fuerte y bien organizada minoría, y frente a los vaivenes de la traición. Desgraciadamente para él y para la Patria, tuvo que batallar con un hostil e incompetente Congreso, que si le hubiera ofrecido cooperación de acuerdo con el plan original de la Tres Garantías, la Historia se hubiera escrito de otra manera"[125].

Iturbide abandona la capital, saliendo de Tacubaya el 30 de marzo, para dirigirse a Tulancingo, ciudad de la cual parte el 20 de abril con rumbo al puerto de Veracruz.

Durante todo el trayecto fue escoltado por el general Nicolás Bravo.

El 11 de mayo la fragata "Rawllins", que había sido contratada por el general Guadalupe Victoria, zarpó llevando a bordo a Iturbide junto con su esposa, hijos y varios allegados.

---

[124] Trueba, Alfonso, **Iturbide. Un destino trágico**, Editorial Jus, 3ª Edición, México, 1959, página 159.

[125] Gutiérrez Casillas, S.J., José, **Papeles de Don Agustín de Iturbide,** Editorial Tradición, 1ª Edición, México, 1977, página 6.

Una de las primeras consecuencias que produjo la caída y exilio de Iturbide fue que Guatemala se separó del imperio formando una república federal con el nombre de Provincias Unidas del Centro de América.

"Se desvanece el sueño de Iturbide de crear en el norte de América en Gran Imperio que sea un baluarte de las naciones de sangre hispana contra el imperialismo sajón de los Estados Unidos. En América Central surge una débil república que no logra ni siquiera conservar su unidad interior, y en la que triunfan movimientos separatistas que la desmenuzan y dividen un tanto arbitrariamente"[126].

Poinsett había hecho un buen trabajo. Sus jefes, allá en la Casa Blanca, podían esbozar una sonrisa de satisfacción: El gran estado hispanoamericano que pretendía formar Iturbide había fracasado.

El 2 de agosto de 1823, la fragata "Rawllins" echa anclas en la bahía de Liorna (Italia) y a partir de ese momento empieza el peregrinaje de Iturbide, familiares y fieles que lo acompañan por varios países de Europa.

No tiene caso entrar en detalles narrando los pormenores de un incómodo y doloroso exilio pues correríamos el riesgo de alargar excesivamente este trabajo.

Llega a Gran Bretaña en los primeros días de enero de 1824 permaneciendo allí varios meses.

Es entonces cuando a sus oídos llegan rumores de que la Santa Alianza, como muestra de apoyo a Fernando VII, pretende ayudar al monarca español en el momento en que se proponga reconquistar México.

"Lejos de México", nos dice Ezequiel A. Chávez, "oyó cada día con apremio nuevo dentro de él mismo el canto de la sirena de México, que lo embrujaba y lo atraía, hablándole de su belleza y de su gloria, de sus peligros y de sus miserias, y que le insinuaba y le reiteraba que él podía, que él debía, como antaño, salvar a México"[127].

Alarmado, con fecha 13 de febrero, Iturbide le escribe una carta al Congreso exponiéndole sus temores a la vez que ofreciéndole sus servicios como militar si la patria llegase a estar en peligro.

"¡Ay, señores, que viene Iturbide!

"¡Que nos viene encima el Dragón de Fierro! ¡Que nos puede castigar el soldadote criollo ése por jugar un año a la republiquita! ¡Que lo detengan! ¡Que no lo dejen venir! ¡Que lo maten! ¡Que lo maten! ¡Que lo maten!

...

"¡Por favor, mexicanos, si alguno de ustedes ve llegar a Agustín de Iturbide, no nos lo venga a avisar, que no se espere a que el juez dicte

---

[126] de Mestas, Alberto, **Agustín de Iturbide. Emperador de Méjico,** Editorial Juventud, 1ª Edición, Barcelona, página 148.
[127] Chávez, Ezequiel A., **Agustín de Iturbide. Libertador de México,** Editorial Jus, 2ª Edición, México, 1962, página 225.

sentencia! ¡Mátenlo! ¡Mátenlo!, por favor, que viene a tomarnos cuenta de la patria"[128].

La respuesta del Congreso no podía haber sido peor: Con fecha 7 de mayo publicó un decreto en el cual declaraba traidor y fuera de la Ley a Iturbide si llegase a pisar territorio mexicano.

El artículo 1º. De dicho decreto disponía lo siguiente:

"ARTICULO PRIMERO: Se declara traidor y fuera de la Ley a don Agustín de Iturbide, siempre que se presente bajo cualquier título en algún punto del territorio mexicano. En este caso queda declarado por el mismo hecho enemigo del Estado y cualquiera puede darle muerte…"

Más adelante analizaremos las razones por la cuales dicho decreto constituye una aberración jurídica.

El 11 de mayo, ignorante de un decreto que había sido promulgado cuatro días antes, Iturbide se embarca en el bergantín "Spring" en Wight (Inglaterra) con rumbo a las costas mexicanas.

¿Por qué había decidido regresar? Porque, en vista de la disolución interna que reinaba en México, temía que la anarquía facilitase los planes de reconquista de un Fernando VII que se sentía apoyado por la Santa Alianza.

"Los héroes que nos dieron patria", afirma Pedro Uriel Rodríguez, "son hombres, con sus cualidades y defectos, hombres con sus ambiciones y desintereses. Pero hombres capaces de entregarse a su nación con un amor inmenso, dispuestos a dar su sangre por ver una patria mejor para la posteridad. De esa talla de hombres era Agustín de Iturbide, no un santo, pero tampoco un traidor"[129].

El "Spring" se acerca a las costas mexicanas el 29 de junio al llegar a la bahía de San Bernardo, en Texas, donde creían encontrar amigos esperándolos, pero, al no ver a ningún conocido, el bergantín leva anclas y se dirige al sur rumbo a Tampico a donde no pudieron llegar por falta de agua.

Fue así como ancló en Soto la Marina, antigua provincia de Nuevo Santander, ahora Tamaulipas, cuyo comandante era el general Felipe de la Garza, el mismo a quien -a pesar de haberse rebelado contra el Imperio- Iturbide no solamente le perdonó la vida, sino que lo mantuvo en su puesto.

Felipe de la Garza siente que el corazón le da un brinco cuando se entera de la presencia de tan inesperado pero temido visitante.

A pesar de los compromisos que lo ligaban con las mafias, si hubiera tenido un mínimo gesto de gratitud hacia quien le había perdonado la vida, en esos momentos, Felipe de la Garza bien pudo haberle informado a Iturbide del decreto que lo condenaba a muerte.

No lo hizo. Al contrario, con la tortuosidad propia de todo mal nacido, le

---

[128] Mena, Mario, **Óp. Cit.**, página 174.
[129] Uriel Rodríguez, Pedro, **Iturbide, consumador de la Independencia**, Forja Editores, 1ª Edición, México, 1992, página 26.

manda un mensaje de bienvenida.

Iturbide desembarca y es entonces cuando De la Garza lo manda apresar informándole ¡Ahora sí! De que existe un decreto que lo condena a la pena capital por el solo hecho de pisar territorio mexicano.

"No era allí donde debió haber desembarcado un hombre que no tenía planes criminales ni cosa alguna que temer del pueblo. Este lo hubiera amparado con la coraza de su admiración. Pero en la playa desierta no había quien se opusiera a una ley infame que imponía a Iturbide la pena de muerte si pisaba tierra mejicana. El no conocía esa ley, que se le aplicó miserablemente, en vez de mostrársela y reembarcarlo. Eso hubiera sido lo justo; pero la legislatura de Tamaulipas y el general D. Felipe d la Garza no supieron levantarse de la más baja pasión..."[130].

Se le informa que será sometido a un juicio sumarísimo. Iturbide protesta y pide apelar a un tribunal superior de la Ciudad de México, pero su recurso es rechazado.

Aquí se ve claramente como el cazador no quiere soltar a su presa. Iturbide es muy peligroso, razón por la cual decide fusilarlo cuanto antes, pues pudiera ocurrir que el pueblo se enterase de su regreso y que la situación diese un vuelco complicándolo todo.

Es juzgado por el Congreso local de Tamaulipas que estaba presidido por el sacerdote Antonio Gutiérrez de Lara.

Iturbide solamente pide que le permitan leer los documentos en los que prueba los proyectos de reconquista por parte de la Santa Alianza. Se oponen tajantemente. Primero había que juzgarlo.

Iturbide suplica que lo escuchen, pues nadie puede ser condenado sin defenderse. Los diputados son inflexibles y vuelven a negarse.

"Suponiendo que los gobernadores y legislaturas de los Estados tuviesen la facultad de constituirse en Tribunales de Justicia, lo cual no podía ser, ¿en dónde está la declaración preparatoria del acusado, la declaración formal, los documentos, los testigos, los careos, la identificación de la persona, la fe judicial y las demás pruebas; la confesión con cargos, pues no había Ministerio Público, ¿y la defensa y los demás requisitos indispensables para juzgar y condenar?

"En ninguna parte. Esto basta para asegurar que la muerte de don Agustín de Iturbide no se ejecutó por un acto de justicia, sino que constituye un crimen"[131].

Es aquí donde dos preguntas nos hacen reflexionar: ¿Cómo se podía decidir sobre la vida de una persona sin conocer antes las circunstancias que

---

[130] Pereyra. Carlos, **Historia del pueblo mejicano,** Segunda parte, Editora Nacional, 1ª Edición, México, 1973, página 65.
[131] Gibaja y Patrón, Antonio, **Comentario a las revoluciones sociales de México,** Editorial Tradición, 2ª Edición, México, 1973, Tomo III, página 29.

podían haber influido en la sentencia? ¿Es justo condenar a un hombre sin oírlo?

El Congreso se negó a escucharlo, lo cual constituyó una clarísima violación de la garantía de audiencia que no se le niega ni al peor de los criminales.

Ante todo, esto, nos preguntamos: La condena a muerte en contra de Iturbide... ¿Fue resultado de un proceso judicial con todas las garantías que marca le ley o se trató de un vil asesinato?

Empezaremos por decir que el Congreso de Tamaulipas, órgano legislativo, usurpó funciones que no le correspondían al actuar como órgano judicial. Y es que función de los diputados es la de elaborar leyes y no juzgar si dichas leyes se cumplieron o no.

La función de juzgar es exclusiva de los jueces. Lo que hicieron con Iturbide fue una gravísima aberración jurídica.

A pesar de sus tendencias liberales, el presidente del Congreso, Padre Gutiérrez de Lara, esgrimió una serie de argumentos a favor del acusado: Que la ley que lo condenaba se apartaba de los principios generales del Derecho, que Iturbide ignoraba dicho decreto y que, de buena fe, se había presentado voluntariamente ante el Congreso.

De nada sirvió. Tenían la presa entre sus garras y no estaban dispuestos a soltarla. Era urgente matarlo antes de que el pueblo se enterase... No fuera a darse una rebelión a favor del condenado.

Iturbide suplica, como última gracia, que le permitan confesarse con su director espiritual, el Padre Treviño, quien le acompañaba en el viaje desde Europa y que aún se encontraba a bordo. Petición denegada.

"Hasta ese sagrado consuelo fuéle negado", nos dice Mariano Cuevas, S.J. "y hubo de confesarse con uno de aquellos sacerdotes desatinados que integraban el tribunal mismo que le había condenado a muerte. Se necesita fe profunda para hacer acto tan heroico"[132].

No le quedó más remedio que confesarse con el Padre Gutiérrez de Lara, diputado y presidente del Congreso que lo había condenado a muerte. Era tal la prisa que tenían por matarlo que lo fusilaron al caer la tarde, negándole el consuelo de comulgar en la Misa del día siguiente. Otra petición suya que también fue denegada.

Poco antes de que se cumpla la sentencia, Iturbide le escribe a su esposa una carta llena de los más delicados sentimientos. Vale la pena reproducir los párrafos iniciales:

"Ana, santa mujer de mi alma: la legislatura va a cometer en mi persona el crimen más injustificado...dentro de pocos momentos habré dejado de existir, y quiero dejarte en estos renglones para ti y para mis hijos todos mis

---

[132] Cuevas, S.J., Mariano, **El Libertador**, Editorial Patria, 1ª Edición, México, 1947, página 110.

pensamientos, todos mis afectos. Cuando des a mis hijos el último adiós de su padre, les dirá que muero buscando el bien de mi adorada patria..."

Llegada la hora, al hallarse ante el pelotón de fusilamiento, ante las gentes que han acudido a presenciar la ejecución, Iturbide pronuncia palabras memorables:

"Mexicanos: en el acto mismo de mi muerte os recomiendo el amor a la Patria y la observancia de nuestra Santa Religión: ella es la que os ha de conducir a la Gloria. Muero por haber venido a ayudaros y muero gustoso porque muero entre vosotros; muero con honor, no como traidor; no quedará a mis hijos y a su posteridad esta mancha; no soy traidor, no. Guardad subordinación y prestad obediencia a vuestros jefes, que haciendo lo que ellos os manden, es cumplir con Dios. No digo esto lleno de vanidad, porque estoy muy distante de tenerla".

Cae de rodillas, reza con fervor el Credo, hace un emotivo acto de contrición, y besa el Crucifijo que le presenta el sacerdote que le confesó.

El oficial hace la señal y suena la fatal descarga.

A las seis de la tarde del 19 de julio de 1824, en Padilla, Tamaulipas, fue fusilado Agustín de Iturbide, Libertador de México.

"Por muchos días se habló del suceso, que algunos se resistieron a creer, con toda la excitación que causaba pérdida tan irreparable; y ante ésta parecieron humillados el espíritu de partido, la envidia, el orgullo y todas las otras pasiones...

"...Sus amigos lo perdían todo; sus enemigos al único hombre capaz de conservar las garantías y la unión entre mexicanos y españoles; y la patria al que debía salvar su integridad e independencia y apoyar siempre el esfuerzo común de los buenos ciudadanos...no habrá un Iturbide que repare nuestros extravíos y despierte en nosotros el valor y las virtudes que son propias de nuestra raza"[133].

A continuación, citamos los juicios que, sobre la ejecución del Libertador, emitieron cuatro autores de probada militancia liberal:

Empezaremos con Alfonso Toro, de conocidas tendencias anticlericales:

"El congreso decidió que Iturbide fuera fusilado, a pesar de que éste no tenía noticia alguna de los decretos del congreso general, ejecutándose la sentencia el 19 de julio de 1824, en el mismo pueblo de Padilla, echando en olvido los servicios que había prestado a la patria al consumar la independencia"[134].

Continuamos con Jesús Romero Flores, diputado constituyente y uno de los legisladores más jacobinos que redactó la Constitución de 1917:

---

[133] Cuevas, Luis G., **Porvenir de México**, Editorial Jus, 1ª Edición, México, 1954, página 196.

[134] Toro, Alfonso, **Historia de México,** Editorial Patria, 16ª Edición, México, 1973, páginas 282 y 283.

"Causa conmiseración el triste fin de un mexicano que cualesquiera que hayan sido sus ambiciones personales, contribuyó a la consumación de nuestra independencia"[135].

Citemos ahora a Juan de Dios Arias y demás coautores de esa Biblia de la Historia Oficial que es **"México a través de los siglos"**.

"En el decreto que declaraba traidor a Iturbide hay no sólo injusticia, sino pasión acerba y hasta falta de sentido común. ¿A quién había hecho traición el hombre de Iguala?"[136].

Y concluimos con Justo Sierra, egregio santón del Liberalismo:

"Iturbide había hecho a su patria un servicio supremo, que es inútil querer reducir a un acto de traición a España. No estuvo a la altura de su obra, pero jamás mereció el cadalso como recompensa; si la patria hubiese hablado, lo habría absuelto"[137].

Tras caer abatido por la descarga mortal, el cadáver de Iturbide quedó tendido un rato en la plaza; poco después fue llevado a una pieza que servía de capilla donde se le amortaja con el hábito franciscano.

Toda la noche estuvo expuesto a la luz de cuatro cirios para ser enterrado a la mañana siguiente en una vieja iglesia que estaba casi en ruinas.

Y ahí permanecieron sus restos hasta que, en 1838, el entonces presidente Anastasio Bustamante ordenó que fuesen trasladados con toda solemnidad a la capital de la República, para ser depositados -dentro de un monumento de mármol- en la capilla de San Felipe de Jesús de la catedral metropolitana, lugar donde actualmente se encuentran.

Cedemos la palabra a Don José Ramón Pacheco, testigo presencial de tan memorable jornada:

"Entraba ya en la Catedral la cabeza de esta numerosa procesión, cuando no acababa de salir de San Francisco; así es que a un tiempo llenaba todas las calles de su tránsito, en las que se agolpaban los espectadores, apiñados en las boca-calles, en las puertas, ventanas y azoteas. La plaza mayor en toda su vasta extensión estaba llena completamente con la muchedumbre a pie, a caballo y en coche, sin que una sola voz turbase el pavoroso incendio"[138].

Tres años antes, el 20 de mayo de 1835, el nombre de Iturbide había sido escrito en el Salón de Sesiones del Congreso.

Años después, en septiembre de 1853, en la urna que guarda los restos de

---

[135] Romero Flores, Jesús, **México. Historia de una Gran Ciudad**, Ediciones Morelos, 1ª Edición, México, 1953, página 514.

[136] **Resumen integral de México a través de los siglos,** Compañía General de Ediciones, 11ª Edición, México, 1969, Tomo IV, Página 85.

[137] Sierra, Justo, **Evolución política del pueblo mexicano,** Universidad Nacional Autónoma de México, 2ª Edición, México, 1957, página 182.

[138] Ramón Pacheco, José, Documento publicado por José Bravo Ugarte, S.J., en **Iturbide. Su muerte, exhumación y reinhumación y monumento en Padilla,** Editorial Jus, 1ª Edición, México, 1964, página 82.

Iturbide, fue depositado el corazón del ex presidente de México, Anastasio Bustamante, quien fuera su fiel amigo y compañero.

Volvamos la vista atrás: Al día siguiente de la ejecución, se le comunicó a la viuda la noticia, así como la orden de que abandonase el país.

Doña Ana María Huarte se dirigió a los Estados Unidos, pasando a residir en Filadelfia, ciudad en la que falleció el 21 de marzo de 1861. Sus restos reposan en la cripta de la iglesia de San Juan Evangelista de dicha ciudad.

Y ya que hablamos de la efímera Emperatriz de México, vale la pena dar a conocer el siguiente episodio.

Ocurrió que el general José Antonio Echávarri, al ser desterrado de México, fue a dar con sus huesos a Filadelfia.

Sí, han leído bien nuestros amigos lectores, se trata del mismísimo José Antonio Echávarri, el ingrato que, por haberse puesto bajo las ordenes de Santa Anna, traicionó a Iturbide y precipitó la ruina del Imperio.

Dejemos que sea el historiador Lucas Alamán quien nos de mayores detalles:

"Echávarri murió en los Estados Unidos, habiendo tenido que dar lecciones de castellano en un colegio para poder subsistir, y murió auxiliado en su última enfermedad por la señora viuda de Iturbide, nunca más digna de ocupar un Trono que cuando prodigaba a quien la había hecho bajar de él, los eficaces cuidados, no de una amistad tan gravemente ofendida, sino de la caridad cristiana que se enciende con los mismos agravios"[139].

No deja de ser digno de reflexión el hecho de que un pobre diablo que obedeció sin chistar las consignas de la Masonería, fue abandonado por sus hermanos de secta cuando más lo necesitaba.

Y es también digno de reflexión que haya sido precisamente la viuda del hombre a quien había traicionado la única que estuvo a su lado proporcionándole todo tipo de ayuda.

Otra anécdota digna de conocerse es que, una vez que el Libertador fue asesinado, fue Simón Bolívar quien se hizo cargo del joven huérfano Agustín Jerónimo Iturbide y Huarte.

"Y para conmemorar el primer Centenario de la Independencia", nos dice José Bravo Ugarte, S.J. "que él dio a su patria, se acordó quitar su nombre del Congreso (Sesión del 7 de octubre de 1921: 126 votos contra 11); un electricista lo ejecutó, arrancando las letras y arrojándolas lejos de si, estando reunidos muchos diputados y apagadas todas las luces (10 de octubre)"[140].

Otro dato que también vale la pena dar a conocer es que, en 1971, el viejo pueblo de Padilla fue inundado por las aguas de la presa "**Vicente Guerrero**",

---

[139] Alamán, Lucas **Historia de Méjico**, Editorial Jus, 2ª Edición, México, 1969, Tomo V, página 523.
[140] Bravo Ugarte, S.J., José, **Historia de México,** Editorial Jus, 3ª Edición, México, 1962, Tomo III, Página 164.

construida para regular las aguas de los ríos Pilón, Corona y Purificación.

El sitio donde el Libertador fue fusilado quedó anegado y solamente pocos días al año -cuando baja el nivel de las aguas- la sumergida ciudad reaparece como si fuese un fantasma.

Es entonces cuando los curiosos que se acercan al lugar pueden caminar por donde caminó don Agustín minutos antes de recibir la descarga mortal.

Desde luego que no faltan, como si fuese atractivo turístico, lugareños que afirman como, en las noches de luna, el ánima en pena de Iturbide deambula por entre las ruinas de la ciudad sumergida. Hay quienes -a cambio de una taza de café y una copa de aguardiente- cuentan como el fantasma suele vagar a veces con el hábito de fraile franciscano con que fue sepultado y a veces con el uniforme de gala que lucía en sus días de gloria.

Sabrosas consejas nocturnas que cobran vida al calor de un buen trago. En fin, de algo tienen que vivir los pobladores del lugar.

Y ya que proporcionamos datos poco conocidos que tienen relación con el Libertador, diremos que, al parecer, en México solamente existen dos esculturas que lo representan: Un busto en la ciudad de Córdoba (Veracruz) y una estatua de cuerpo entero en el Centro Histórico de la Ciudad de México.

Dicha escultura se encuentra en el interior del Pasaje Iturbide (que une las calles de Gante y Bolívar). El dueño de dicho inmueble es don Francisco Luis de Iturbide, descendiente del Libertador que fue quien le encargó al escultor Alfredo López que hiciera una estatua de bronce en honor de su ilustre antepasado.

La escultura representa a Iturbide de cuerpo entero, con el brazo izquierdo extendido y sosteniendo con la mano derecha la bandera del Ejército Trigarante.

En el pedestal podemos leer: **"Consumador de la Independencia, inductor de los colores nacionales, dio nombre al naciente país"**.

Dicho monumento fue inaugurado -como antes dijimos- en el interior del Pasaje Iturbide en noviembre de 2010.

Si accedemos a dicho Pasaje por la calle de Gante, en la parte superior de la entrada, podemos ver tres pinturas: A la izquierda, la entrada de Iturbide en la Ciudad de México el 27 de septiembre de 1821; en el centro, el momento en que cae fusilado; y a la derecha el acontecimiento que supuso el traslado de sus restos hasta la Catedral de México..

Capítulo VIII
EN DEFENSA DE ITURBIDE

A pesar de que han transcurrido cerca de doscientos años de la muerte de Iturbide, los sucesores ideológicos de quienes cometieron tan artero crimen, no contentos con haber asesinado al Libertador, continúan robándole su buena fama no solamente soslayando sus virtudes sino recurriendo incluso a las calumnias.

Es aquí donde la Historia Oficial ha creado una auténtica Leyenda Negra en torno al Libertador de México, al pintarlo con los más negros colores como si se tratase de un personaje tan, pero tan malvado, que ni el mismo demonio acepta en los infiernos. Todo ello debido a esos "historiadores" sectarios que venden su pluma al mejor postor.

En un principio pretendieron ignorarlo, pero, al ver como eso era algo tan ridículo como pretender tapar el sol con un dedo, se dedicaron a calumniarlo.

Esa es la razón por la cual en el presente capítulo -aparte de citar testimonio de gente prestigiada- consideramos que la mejor defensa que puede hacerse de Iturbide es la que él mismo nos legó en las Memorias que escribió desde Liorna.

En vista de que quienes, violando toda norma jurídica y todo principio humanitario, le negaron el derecho de audiencia, le cedemos la palabra al mismísimo Iturbide para que sea él quien haga su propia defensa.

Y como si adivinara el alud de calumnias que sobre su memoria habrían de ser derramadas en los años venideros, es Iturbide quien se encarga de irlas rebatiendo.

Considerando que Iturbide sabía muy bien que se enfrentaba a numerosos y secretos enemigos es de suponer que tenía plena conciencia de que su vida estaba pendiente de un hilo.

Esa es la razón por la cual las Memorias que escribió en Liorna (Italia) con fecha 27 de septiembre de 1823 pueden ser consideradas como su Testamento.

No nos cabe la menor duda de que cuando una persona se encuentra a las puertas de la muerte es precisamente en esos momentos cuando habla con total sinceridad.

No valen ni las mentiras ni los gestos grandilocuentes destinados a confundir. Tomando plena conciencia de que el final puede llegar en el momento más inesperado, quien recuerda su vida o se confiesa ante un sacerdote sabe muy bien que muy pronto habrá de ser juzgado. Y materia de juicio serán tanto sus escritos como sus últimas palabras.

Esa es la razón por la cual pensamos que Iturbide actuó con absoluta veracidad en el momento de escribir su Testamento.

Siguiendo un orden cronológico nos encontramos con que el primero de los cargos que se le imputan es el de sanguinario por haber reprimido con excesiva crueldad a los insurgentes.

Empezaremos diciendo que tanto Hidalgo como Morelos no se tentaron el corazón para sembrar a su paso muerte y desolación. Era imposible e incluso ridículo tratar de convencerlos con palabras amables y muy bien fundamentados argumentos.

José María Morelos y Pavón

Cedemos la palabra a Francisco Bulnes:

"La guerra de guerrillas consiste en guerrear sin combatir. El deber del guerrillero es fatigar al soldado enemigo, procurándole pestes, hambres, insomnios, fastidio, prostitución, deserción y rebajar su disciplina; por lo mismo que el ejército para combatir las guerrillas tiene que dividirse en muy pequeños mandos…

…

"El único modo de acabar con las guerrillas es envolviendo en terror a las poblaciones que las sostienen…

…

"El medio de combatir a las guerrillas consiste en hacer responsables a las poblaciones que las toleran o las protegen, de todas las fechorías de éstas e imponer castigos terribles. Cuando las guerrillas dejan de contar con las pequeñas poblaciones que por bien o por mal las sostienen, entonces los guerrilleros se deciden a pedir su indulto"[141].

Cedamos ahora la palabra a Iturbide quien, al ver las desgracias provocadas por Hidalgo, rechazó siempre sus métodos:

"Me persuadí que los planes del cura estaban mal concebidos, no podían producir el objeto que se proponía llegara a verificarse. El tiempo demostró la certeza de mis predicciones. Hidalgo y los que le sucedieron, siguiendo su ejemplo desolaron el país, destruyeron las fortunas, radicaron el odio entre europeos y americanos, sacrificaron millares de víctimas, obstruyeron las

---

[141] **La guerra de Independencia. Hidalgo-Iturbide.** Editora Nacional. 1ª Edición. México, 1969. Páginas 317 y 318.

fuentes de las riquezas, desorganizaron el ejército, aniquilaron la industria, hicieron de peor condición la suerte de los americanos... y lejos de conseguirla independencia, aumentaron los obstáculos que a ella se oponían"[142].

Más adelante, Iturbide manifiesta la razón por la cual rehusó mantenerse neutral a pesar de que le ofrecían tanto un salvoconducto para su familia como el que sus propiedades quedarían exentas del saqueo y del incendio.

"Siempre consideré criminal al indolente cobarde que en tiempo de convulsiones políticas se conserve apático espectador de los males que afligen a la sociedad, sin tomar en ellos una parte para disminuir, al menos los de sus conciudadanos"[143].

Y como no podía quedarse cruzado de brazos un miembro del Ejército cuya misión era restablecer el orden, Iturbide se limitó a cumplir con su deber, aunque dicho cumplimiento -como dice Francisco Bulnes- implicase tomar crueles represalias.

Antes de seguir adelante, oportuno será citar a don Alfonso Junco:

"Casi todos se imaginan que don Lucas Alamán ha de estar apretadamente identificado con Iturbide - ¡reaccionarios los dos! - y ha de ponerlo siempre por las nubes. Y llevarían el azoro del siglo si viesen la fría severidad y el buen caudal de tinta negra con que don Lucas dibuja a don Agustín"[144].

Con el objeto de que mejor se comprenda lo que a continuación habremos de exponer, vale la pena que hablemos un poco de Lucas Alamán.

Don Lucas Alamán nació en Guanajuato en 1792. Sus padres fueron Juan Vicente Alamán, marqués de San Clemente y doña María Ignacia Escalada. Según esto, sacamos por conclusión que pertenecía a una de las mejores familias del Bajío puesto que formaba parte de la nobleza novohispana.

La posición económica de su familia era floreciente, lo cual le permitió viajar por Europa, adquirir una vasta cultura y, andando el tiempo, ocupar diversos cargos tanto en España como en México.

A don Lucas Alamán le viene como anillo al dedo aquella afortunada frase de Don Quijote según la cual "el que lee mucho y anda mucho, ve mucho y sabe mucho" (**El Quijote**. Parte Segunda. Capítulo XXV).

Fue uno de los fundadores del Partido Conservador y es considerado como el mejor historiador mexicano en la primera mitad del siglo XIX. Un hombre inteligente, de fino trato y cuya orientación ideológica era conservadora.

Y al ser Iturbide un caudillo que defendía las tradiciones de su patria o sea

---

[142] **Sus Memorias escritas desde Liorna**. Editorial Jus. 1ª Edición. México, 1973. Página 6.
[143] **Ídem**. Página 7.
[144] **Insurgentes y liberales ante Iturbide**. Editorial Jus. 1ª Edición. México, 1971. Página 7.

un militar conservador, lo más lógico sería suponer -como lo señala Alfonso Junco- que entre Alamán e Iturbide existiera una gran afinidad.

Sin embargo, se dio el fenómeno contrario y, aunque en algunos episodios históricos, Lucas Alamán no tiene más remedio que reconocer la grandeza del Libertador, la verdad es que nunca ocultó su antipatía hacia Iturbide.

¿Cuál sería la causa de dicha antipatía? ¿Resentimiento por algún agravio recibido o, simplemente, envidia?

Quizás -y esto no podemos probarlo- dicho resentimiento se deba a que las represalias que Iturbide llevó a cabo en el Bajío pudieran haber afectado a la familia de Alamán.

Quizás se deba -y esto tampoco podemos probarlo- a que cuando Iturbide fue acusado de haberse enriquecido de mala manera en el Bajío; después de haber sido absuelto tras haberse probado que dichas acusaciones eran calumniosas, a Iturbide se le concedió la acción de injurias en contra de quienes lo habían calumniado.

Pues bien, y quizás este dato sea el que nos aclare el enigma: Al ver como el mundo se hundía bajo sus pies, de los siete calumniadores de Iturbide, una de ellas era la condesa de Casa Rul y el otro el marqués de San Clemente, don Juan Vicente Alamán, quien -como antes dijimos- era el padre de don Lucas Alamán.

Citamos ahora los juicios con que Lucas Alamán se expresa acerca de una etapa de la vida de Iturbide en la cual, según dicho historiador, nuestro personaje vivió una vida irresponsable y disipada:

"Iturbide, en la flor de su edad, de aventajada presencia, modales cultos y agradables, hablar grato e insinuante, bien recibido en la sociedad, se entregó sin templanza a las disipaciones de la capital, que acabaron por causar graves disensiones en el interior de su familia... En tales pasatiempos, menoscabó en gran manera el caudal que había formado con sus comercios en el Bajío, hallándose en muy triste estado de fortuna, cuando el restablecimiento de la constitución y las consecuencias que produjo, vinieron a abrir un nuevo campo a su ambición de gloria, honores y riqueza"[145].

Dejemos que sea José Macías, S.J. quien rebata dichas acusaciones:

"Iturbide, durante su estancia en la capital, conservó nominalmente su título de Comandante General de las Provincias de Guanajuato. Ante la sociedad capitalina paseaba limpio de acusaciones. Nos lo podemos imaginar: en el vigor de sus 33 años, alto, de atractiva figura, metido en su flamante uniforme de Coronel, nimbado por sus estupendas hazañas militares; de cultos y nobles modales, atraía necesariamente las miradas de los hombres y aún más de las mujeres.

"Téngase en cuenta que, aunque paseaba por la capital y aceptaba invitaciones y reuniones sociales con personas y familias amigas, pasaba la

---

[145] **Historia de Méjico**. Editorial Jus. 2ª Edición. México, 1969. Tomo V. Página 47.

mayor parte de su tiempo en una hacienda que arrendaba en Chalco, no lejos de la capital, donde se ocupaba de labores de campo y administrativas, donde recordaba los tiempos de su juventud en la finca de su padre. Por lo demás, casado, observaba la fidelidad que le imponía el vínculo del sacramento. Su fiel esposa, Ana María a quien amaba tiernamente, le había dado ya varios hijos"[146].

Y, por si lo anterior no bastase, existe una carta que, con fecha 22 de abril de 1817, dirige a su suegro don Isidro Huarte en términos sumamente cordiales. Si las acusaciones de Lucas Alamán fuesen ciertas, las relaciones entre Iturbide y su suegro habrían sido abiertamente hostiles.

Dicha carta la reproduce José Gutiérrez Casillas, S.J. en la página 101 de su libro **"Papeles de Don Agustín de Iturbide"** (Editorial Tradición).

Por otra parte -repetimos lo dicho anteriormente- si el Libertador hubiera sido un libertino irresponsable, de vida disipada, no se hubieran fijado en él ni el canónigo Matías de Monteagudo ni los demás personajes que se reunían en las Juntas de la Profesa.

José N. Iturriaga, escritor que, mientras le da un sorbo a su taza de café, aprovecha la ocasión para manifestar su odio a Iturbide nos dice lo siguiente: "En fin, ¿fue Iturbide el libertador de la patria? ...Ser un libertador implica no sólo a los hechos realizados sino a los móviles de su realización. El burro que tocó la flauta no se convierte en músico"[147]

Dejemos que sea el propio Iturbide, a quien le impidieron defenderse en la mascarada de proceso que le condenó a muerte, quien rebata la acusación que acabamos de citar:

"Los americanos deseaban la independencia; pero no estaban acordes en el modo de hacerla, ni el gobierno que debía adoptarse"[148]

"Muy pronto debían estallar mil revoluciones, mi patria iba a anegarse en sangre, me creía capaz de salvarla, y corrí por segunda vez a desempeñar deber tan sagrado.

"Formé mi plan conocido por el de Iguala; mío porque solo lo concebí, lo extendí, lo publiqué y lo ejecuté: me propuse hacer independiente a mi patria, porque éste era el voto general de los americanos, voto fundado en un sentimiento natural y en los principios de justicia"[149].

"Sin sangre, sin incendios, sin robos, ni depredaciones, sin desgracias, y de una vez, sin lloros y sin duelos, mi patria fue libre y transformada de colonia en grande imperio"[150].

---

[146] **Iturbide.** Editorial Tradición. 2ª Edición. México, 1986. Página 30.
[147] **Charlas de café con Agustín de Iturbide.** Grijalbo. 1ª Edición. México, 2009. Página 138.
[148] Agustín de Iturbide. **Óp. Cit.** Página 9.
[149] **Ídem.** Página 10.
[150] **Ídem.** Página 11.

Otra de las acusaciones que, con deleite morboso, le hacen a Iturbide consiste en atribuirle amoríos con la Güera Rodríguez.

En uno de los capítulos anteriores, tratamos acerca de esta acusación que jamás pudo probarse, que tuvo su origen en el libelo calumnioso que escribió el diplomático ecuatoriano Vicente Rocafuerte y en quien se apoya el cronista de la época virreinal don Artemio del Valle-Arizpe.

Todo este enredo en torno a que si Iturbide y la Güera fueron amantes es material que suele tener como clientela mentes calenturientas que son más propicias a creer un cuento de este tipo que a quemarse las pestañas investigando en archivos y bibliotecas.

Según el novelista don Artemio, cuyas sabrosas crónicas suelen deleitar a sus lectores, aporta como prueba de la supuesta pasión que encendía los corazones de Agustín y María Ignacia el hecho de que, el 27 de septiembre de 1821 (día de la entrada del Ejército Trigarante en la Capital), Iturbide mandó desviar la columna que encabezaba para tener la galantería de que su amada pudiera presenciar el desfile desde el balcón de su casa, la cual, según don Artemio, se encontraba justo enfrente del templo de La Profesa.

Según dicho autor, la ruta inicial, después de recorrer San Cosme y Puente de Alvarado, debía pasar por la que hoy es calle de Tacuba para desembocar en el Zócalo y de ahí entrar en el Palacio de los Virreyes.

Según don Artemio, a última hora, Iturbide cambió la ruta y enfiló directamente hacia el convento de San Francisco.

Si ésta es la única prueba -aparte del libelo de Rocafuerte- en que se apoya don Artemio, diremos que, más que indignación, produce lástima.

Y es que, según el mismo don Artemio afirma, "se detuvo un instante el héroe en la esquina del convento franciscano en donde el cabildo municipal había mandado levantar un elevado arco de triunfo…Allí el Ayuntamiento tuvo el alto honor de entregarle las llaves de la ciudad"[151].

Don Artemio se enreda puesto que, si ya se había levantado un arco de triunfo a pocos metros del convento de San Francisco, ello se debe a que el programa del itinerario estaba trazado de antemano y -por lo que vemos- no incluía que pasase directamente por la actual calle de Tacuba.

No obstante, Iturbide y su comitiva sí pasaron por las calles de San Francisco y Plateros (hoy avenida Madero) y según don Artemio se detuvo ante el balcón de la Güera para darle un obsequio y hacerle una reverencia. Don Artemio no prueba, únicamente afirma.

En otro orden de ideas, y como anteriormente dijimos, uno de los enemigos de Iturbide es el historiador Lucas Alamán quien no desaprovecha la más mínima oportunidad para atacarlo.

En el tomo V de su monumental "Historia de Méjico", Alamán describe

---

[151] **La Güera Rodríguez**. Librería de Manuel Porrúa. 9ª Edición. México, 1960. Página 201.

con la agilidad propia del mejor de los reporteros como fue aquella histórica jornada del 27 de septiembre.

Cuatro extensas páginas con lujo de detalles le, dedica Alamán a la efeméride, en ellas nos dice que, efectivamente, a la entrada de la calle de San Francisco, le esperaba el Ayuntamiento presidido por el alcalde don José Ignacio Ormaechea, para hacerle entrega de las llaves de la Ciudad, las cuales recogió Iturbide después de bajarse del caballo.

Describe Lucas Alamán el ambiente festivo que reinaba en la ciudad, como estaban adornadas las calles y balcones, como el arzobispo le recibió en la catedral y como el Libertador tomó agua bendita antes de entrar en el templo soberbiamente iluminado, como se cantó un Te Deum y como el pueblo no dejaba de aplaudirle.

Pues bien, en ninguna de esas cuatro extensas páginas en que Lucas Alamán cuenta con lujo de detalles como se desarrolló tan histórica jornada; en ninguna de ellas nos dice que Iturbide desvió la ruta y mucho menos que tuvo un gesto galante hacia la Güera.

Ni duda cabe que, de haber sido cierto lo que dice Rocafuerte y repite Valle-Arizpe, don Lucas Alamán habría aprovechado la ocasión para enlodar al Libertador de México.

Ahora bien… ¿Fueron amantes Agustín y la Güera?

Es difícil probarlo, aunque aquí lo único cierto es que, según nos cuentan, la Güera, aparte de hermosa, era vanidosa y su vanidad le hacía acercarse a los personajes que en aquellos momentos estaban en el candelero.

Y fue así -como antes dijimos- que un día se le vio pavonearse con Humboldt, que coqueteó con Simón Bolívar y que, es casi seguro, haya coqueteado también con Iturbide.

Al parecer, la Güera era una especie de edecán a quien le gustaba lucirse con las celebridades del momento, lo cual, de ningún modo, significa que las personas que ella utilizaba como marionetas para satisfacer su egolatría hayan sido sus amantes.

Por otra parte, a un Iturbide joven, rico, apuesto y dueño de un inmenso imperio no dudamos que -como hombre que era- se haya "dejado querer" viendo con muy buenos ojos que una dama de belleza deslumbrante le dedicase guiños y halagos.

No nos cabe la menor duda de que, tomando en cuenta la miseria humana, si muchos odiaban a Iturbide era por envidia puesto que se hubieran endrogado de por vida con tal de que la Güera los incluyese entre sus favoritos.

Y concluimos esta cuestión respondiendo de la misma manera que respondió el Periquillo Sarniento cuando, en un examen escolar, le hicieron una pregunta acerca de los astros:

-En esto de las estrellas
Lo más seguro es mentir

Pues ninguno puede ir
A preguntárselo a ellas.

En fin, que cuentan, cuentan y cuentan que las vacas vuelan cuando no las ven...

A continuación, analizaremos la acusación que con más encono lanzan contra el Libertador de México y para ello es preciso responder a la siguiente pregunta: **¿Fue Iturbide un traidor?**

¿Traidor el Libertador de México? ¿Por qué dicen eso? ¿Sobre qué bases históricas se apoyan? ¿Cuándo, dónde y cómo es que Iturbide fue un traidor? Analicemos cada uno de los supuestos.

1.- ¿TRAIDOR A ESPAÑA?

Se dice que Iturbide traicionó a sus amigos de las Juntas de la Profesa al realizar la Independencia por su cuenta y difiriendo radicalmente de los planes iniciales de los conjurados.

Habrá que repetir lo que hemos venido diciendo a lo largo de esta obra: Iturbide deseó siempre la Independencia, sólo que difería de los métodos crueles con que la habían intentado Hidalgo y Morelos.

Iturbide, hombre de clara visión, comprendió el momento histórico por el que atravesaba el país; fue por eso que decidió que la Independencia no debería de ser algo transitorio como pedían en las Juntas de la Profesa, sino más bien algo definitivo como él ofrecía en su Plan de Iguala.

Cedemos la palabra a Joseph H. L. Schlarmann:

"Iturbide, que creía en su destino, rumiaba las ideas que bullían en su cerebro y se reservaba su parecer. Recordaba los sangrientos sucesos en tiempos de Hidalgo y Morelos, y no quería que se repitieran, pero pensaba que, si él tuviera el prestigio de algún mando militar, conseguiría la independencia de un modo relativamente incruento"[152].

Así pues, Iturbide solamente esperaba el momento propicio y éste se presentó cuando fue invitado a formar parte de las Juntas de la Profesa.

Analicemos las razones por las cuales Iturbide jamás traicionó a España.

a) Iturbide no traicionó a España porque en el Plan de Iguala le ofrecía el Trono del Imperio Mexicano nada menos que al rey Fernando VII o a cualquier otro príncipe de la Casa Real Española. Con esta medida pretendía que la Independencia se hiciera de una manera pacífica, del mismo modo que, años después, se llevó a cabo la de Brasil.

Ahora bien, si Fernando VII, por soberbia, influencias de sus consejeros o cualquier otro motivo no aceptó, eso ya no es culpa de Iturbide.

"¿A quién era desleal? ¿Al Rey? Cuando él proclamó el Plan de Iguala, no se separaba del trono a Don Fernando VII. ¿Contra quién era,

---

[152] **México, tierra de volcanes.** (Traducción: Carlos de María y Campos). Editorial Porrúa. 7ª Edición. México, 1965. Página 244.

pues, la rebelión de Iturbide? Tan sólo contra un jefe superior político, pues ya Apodaca ni siquiera era Virrey, que recibía órdenes de un grupo de ministros españoles que tenían en esos días prácticamente preso a su soberano, como éste lo manifestó poco más tarde, cuando pudo verse restablecido en su autoridad"[153].

b) ¿Es traidor a España quien, al proclamar el Plan de Iguala, se dirige a la Madre Patria en los siguientes términos?

"Trescientos años hace que la América Septentrional está bajo la tutela de la nación más católica y piadosa, heroica y magnánima. La España la educó y engrandeció, formando esas ciudades opulentas, esos pueblos hermosos, esas provincias y reinos dilatados que en la Historia del universo van a ocupar un lugar muy distinguido"[154].

c) Si decimos que Iturbide traicionó a España por el hecho de combatir, en un momento dado, contra las tropas realistas, concluiremos que también fueron traidores Hidalgo, Morelos y Allende.

Hidalgo y Morelos, en una época en que la Iglesia estaba tan unida al Estado, como sacerdotes que eran habían jurado fidelidad absoluta al rey de España. Aplicando el criterio anterior, al sublevarse, estaban traicionando a España.

En el caso de Allende, al ser oficial del Regimiento de la Reina, al levantarse en armas, estaba "ipso facto" traicionando a España.

Y no digamos Francisco Javier Mina, navarro de pura cepa, quien, al tomar las armas contra sus compatriotas, sin lugar a duda, estaba también traicionando a España; por cierto, Mina no vino a luchar por la independencia de México sino más bien a combatir en territorio mexicano el absolutismo de Fernando VII.

Ante todo, lo anterior... ¿Por qué motivo la Historia Oficial acusa a Iturbide de traidor y en cambio se olvida de otros personajes que sí lo fueron?

2.- ¿TRAIDOR A VICENTE GUERRERO?

Conspicuos liberales afirman que Iturbide, astutamente, supo atraerse al llamado "Héroe del Sur", engañarlo, ponerlo bajo sus órdenes y, finalmente, traicionarlo.

Antes de seguir adelante, conviene que veamos cual era el poder real que Guerrero tenía en el momento en que Iturbide lo invitó a unirse al Plan de Iguala.

---

[153] Teodoro Amerlinck y Zirión. **Treinta y nueve cartas inéditas de don Agustín de Iturbide y Aramburu**. Editorial Orión. 1ª. Edición. México, 1960. Páginas 84 y 85

[154] Proclama con que se anunció el Plan de Iguala. (Documento citado por Lucas Alamán en el V tomo de su **Historia de Méjico** página 384.

Entre 1820 y 1821, período que va desde la revolución de Rafael del Riego y la proclamación del Plan de Iguala, el ejército virreinal controlaba la mayor parte del territorio puesto que su ejército constaba de más de ochenta y cinco mil soldados, bien armados, disciplinados y con experiencia bélica.

En cambio, Guerrero se hallaba reducido -casi sitiado- en las inaccesibles montañas del sur a más de trescientos kilómetros de la capital.

Vicente Guerrero

Ante tal situación no le quedaba otra alternativa que recurrir a la guerra de guerrillas puesto que un enfrentamiento a campo abierto con el ejército virreinal le hubiera traído resultados desastrosos.

¿Cuándo traicionó Iturbide a Guerrero? Jamás. Desde un principio el Libertador lo hizo partícipe del Plan de Iguala en el cual, entre otras cosas, se establecía una Monarquía Constitucional.

Desde el primer momento, Guerrero aceptó gustosamente dicho Plan jurando defenderlo aún a costa de su vida.

Cuando Iturbide fue proclamado Emperador, Guerrero se puso servilmente a sus pies en una carta que, con fecha 4 de junio de 1822, le envió y en la cual recalcaba las siguientes frases:

"Nada faltó a nuestro regocijo sino la presencia de Vuestra Majestad Imperial, resta echarme a sus imperiales plantas y el honor de besar su mano, pero no será muy tarde cuando logre esta satisfacción si V.M.I. me lo permite"[155].

Pues bien, cuando en 1823 se proclama el Plan de Casa Mata, Guerrero fue uno de los primeros en unirse a los sublevados que luchaban contra Iturbide.

Así pues, Iturbide no traicionó a Guerrero, en cambio fue Guerrero quien traicionó a Iturbide a quien le había ofrecido sus respetos de la manera más fervorosa que le fue posible.

No podemos concluir este apartado sin hacer notar un detalle muy importante.

Uno de los objetivos de la Historia Oficial, entro de su programa de falsear lo ocurrido, consiste en hacer creer que fue Guerrero y no Iturbide quien consumó la Independencia.

Así lo han venido repitiendo en los libros de texto editados por la Secretaría

---

[155] Carta de Guerrero a Iturbide (Citado por José Bravo Ugarte, S.J.**) Historia de México**. Editorial Jus. 2ª Edición. México, 1953. Tomo III. Página 138.

de Educación Pública.

Sin embargo, fue el 17 de septiembre de 1971, siendo presidente de la República el licenciado Luis Echeverría Álvarez cuando se cometió la peor de las barbaridades que se han cometido en materia histórica.

Con motivo de la celebración de los ciento cincuenta años de la iniciación de nuestra vida independiente, Echeverría publicó el siguiente decreto:

"**Artículo 1°.** Los tres Poderes de la Unión celebrarán los 150 años de la iniciación de nuestra vida independiente, el día 27 de septiembre del presente año, con una solemne ceremonia cívica en honor del general Vicente Guerrero, que tendrá lugar en la ciudad de Tixtla de Guerrero, del Estado que lleva su nombre, lugar donde nació este denodado defensor de nuestra libertad.

Artículo 2°. Inscríbase con letras de oro en lugar destacado de los recintos de las Cámara de Diputados y Senadores del Honorable Congreso de la Unión, de la Suprema Corte de Justicia de la Nación y en el Palacio Nacional, la frase del general Vicente Guerrero: "La Patria es primero".

Ilustres historiadores de aquella época se mostraron coincidentes en el hecho de que, mediante un acto autoritario y sin el mínimo fundamento histórico, Echeverría estaba haciendo historia por decreto.

Algo parecido a que, también mediante un decreto, se dispusiera que fue Napoleón y no Colón quien descubrió América.

3.- ¿TRAIDOR A LA REPUBLICA?

Personas de escaso criterio, así como de un notorio desconocimiento de nuestra Historia afirman que el Libertador traicionó nada menos que a la República y a las instituciones federales.

Rebatiremos dicha acusación citando el juicio de un liberal jacobino y -por supuesto- republicano. Se trata de Francisco Bulnes quien, al referirse a punto tan controvertido, nos dice que "todos los republicanos presentes en la sesión del congreso constituyente votaron por la monarquía constitucional. ¿Cómo es posible que los republicanos echen en cara a Iturbide no haber apoyado a la república cuando ellos mismos no se atrevieron a hacerlo?"[156].

Por otra parte, Iturbide no traicionó a la República por tres importantes razones:

a) En 1821 no había republicanos en el país, tanto así que la mayoría de los políticos de aquella época desconocían en qué consistía dicho sistema de gobierno.

Si acaso, algún reducidísimo número de personas habría leído las obras de Voltaire, Rousseau y Montesquieu, pero la inmensa mayoría era de convicciones monárquicas lo cual era lógico ya que

---

[156] **La guerra de Independencia. Hidalgo-Iturbide.** Editora Nacional. 1ª Edición. México, 1969. Páginas 376 y 377.

las ideas republicanas eran relativamente nuevas y los medios de comunicación muy deficientes a inicios del siglo XIX.

Por otra parte, durante trescientos años, aquí se había vivido bajo un sistema monárquico que fue aceptado de manera gustosa por todos los estamentos sociales.

b) Tanto en el Plan de Iguala como en los Tratados de Córdoba, se estableció y ratificó que el nuevo régimen sería una Monarquía Constitucional. Desde un principio se recalcó dicho punto y nadie osó hablar de República.

c) Y, para mayor abundamiento: Cuando el 24 de febrero de 1822 quedó instalado el primer Congreso, todos los diputados -absolutamente todos- juraron lealtad absoluta al Plan de Iguala que establecía la Monarquía. Posteriormente esos diputados se pasaron al bando contrario proclamando la República... ¿Quién traicionó a quién?

4.- ¿TRAIDOR POR DISPOSICION DE LA LEY?

Empezaremos exponiendo el concepto de Ley.

Según Santo Tomás de Aquino, "ley es el ordenamiento de la razón para el Bien Común, promulgada por quien está al cuidado de la comunidad".

Según el mismo Santo Tomás, el Bien Común es "la vida virtuosa de una multitud" y, según expertos en Sociología, el Bien Común es el conjunto de condiciones necesarias para que los miembros de la comunidad alcancen su pleno desarrollo.

Antes de seguir, preguntamos: La ley que declaró traidor a Iturbide condenándolo a muerte... ¿Favoreció la vida virtuosa de la comunidad mexicana? ¿Creó las condiciones necesarias para que los mexicanos alcanzasen su pleno desarrollo? ¿Le trajo algún beneficio al pueblo?

Ahora bien, dejando a un lado la doctrina escolástica, vemos como los pensadores liberales de la Ilustración nos dicen que Ley es "la expresión máxima de la voluntad general".

Es aquí donde surgen nuestras dudas.

Considerando que, en aquellos momentos, Iturbide era el héroe indiscutible que había unificado a su alrededor a todos los sectores, la ley que lo declaró traidor condenándolo a muerte... ¿Era la expresión máxima de la voluntad general?

Invitamos a responder de manera lógica las preguntas anteriores.

Continuemos, pues, analizando las razones por las cuales, de ninguna manera, Iturbide puede ser traidor por disposición de la ley.

Los enemigos de Iturbide -a quien le temen aún después de muerto- al no hallar cargos que imputarle, atacan al Libertador con un argumento pueril: Le acusan de traidor porque, al regresar al país, violó una ley que lo declaraba traidor por el solo hecho de pisar territorio mexicano.

Este argumento cae por su propio peso al carecer de bases sólidas.

Veamos.

a) Todo buen jurista sabe que una Ley para serlo, necesita ser general, abstracta e impersonal; es decir, no debe estar referida a ningún individuo en particular sino a la totalidad.

Y dicha norma jurídica habrá de ser aplicada a quienes se sitúen en el supuesto jurídico que la misma ley indica.

Citamos a continuación a Miguel Villoro Toranzo, S.J. ilustre filósofo del Derecho:

"Al legislador le compete emitir mandatos y prohibiciones de carácter general con vistas al bien común, pero no aplicar a casos particulares esos mandatos y prohibiciones. Esta es una labor que debe dejar al juez. La posición del legislador es semejante a la del gran estratega que proyecta los grandes principios para ganar una guerra y deja a los tácticos y técnicos la organización de los detalles"[157].

Pues bien, la ley que emitió el Congreso el 28 de abril de 1824 proscribiendo a Iturbide es exactamente lo contrario por ser particular, concreta y personal. Se refiere únicamente a Iturbide, motivo por el cual -aparte de injusta- es una aberración jurídica.

b) Es bien sabido que el Congreso que niega a uno de sus súbditos lo que concede a la totalidad es un Congreso vil e injusto. Tal era el caso del Congreso que desgobernaba al país en aquel fatídico año de 1824.

c) Por otra parte, ya sin irnos al campo jurídico, es la misma lógica la que desbarata dicho argumento debido a la definición misma del concepto **traición**.

"HAY TRAICION CUANDO SE VIOLA LA FE QUE EXPRESAMENTE SE HABIA PROMETIDO A LA VICTIMA O LA TACITA QUE ESTA DEBIA ESPERAR EN RAZON DEL PARENTESCO O CUALQUIER OTRA QUE INSPIRE CONFIANZA".

Esto significa que si alguien cometió una traición será traidor, aunque un Congreso, con toda solemnidad, lo declare "Héroe Máximo de la Patria"; por el contrario, si alguien realiza un acto heroico será un héroe, aunque todos los congresos del mundo se pongan de acuerdo para declararlo "traidor".

En este último caso, el héroe seguirá siendo héroe ya que la verdad es uno y en muchas ocasiones no son precisamente las mayorías quienes la poseen.

Pues bien, el decreto de marras declaró traidor a un hombre no porque conspirase o promoviese una revolución; lo declaró traidor tan sólo por presentarse en territorio mexicano.

---

[157] **Introducción al estudio del Derecho.** Editorial Porrúa. 1ª Edición. México, 1966. Página 271.

Declararlo traidor tan sólo por eso es algo tan absurdo como decir que Perico Pérez es reo de fraude, homicidio e incluso adulterio y -por todo ello- merece ser ahorcado si se asoma a la azotea de su casa tocando la guitarra.

Después de oír tan sonoros rebuznos, ninguna duda nos queda de que el Congreso que condenó a Iturbide en 1824, aparte de su notoria mala fe, desconocía los principios elementales de la Lógica y del Derecho.

Ante todo lo que hemos expuesto, Agustín de Iturbide no traicionó a España, ni a Guerrero, ni a la República y mucho menos fue traidor por disposición de la ley.

Capítulo IX
ITURBIDE, PREMATURA CONCIENCIA
DE LA HISPANIDAD

No nos cabe la menor duda de que, en un trabajo cuyo objeto es la vida, obra y hazañas del Libertador de México, don Agustín de Iturbide, como que parece inapropiado tratar el tema de la Hispanidad.

Un tema que, aparentemente, sólo tiene relación con España y la obra cultural y misionera realizada por los españoles a través de los siglos.

Sin embargo, la realidad es muy diferente.

Cada vez que se menciona la palabra **Hispanidad**, viene a nuestra mente la imagen de una vieja carabela surcando mares procelosos, imagen con la cual se pretende recordar las pasadas glorias de aquella Vieja España que, en menos de un siglo, logró darle vida a un inmenso imperio en cuyos dominios jamás se ponía el sol.

No obstante, si deseamos aproximarnos al concepto real de **Hispanidad,** habremos de remontarnos a una fecha muy singular: 6 de mayo de 589, día en el cual Recaredo, rey de los visigodos, se presentó ante el III Concilio de Toledo para abjurar del arrianismo, ser bautizado y proclamar que sería el catolicismo la religión oficial del pueblo español.

Según nuestra modesta opinión, esa fecha (6 de mayo de 589) es una de las más importantes de la historia de España debido a que fue entonces cuando España obtuvo su acta de bautismo al declararse oficialmente católica.

A partir de entonces, jamás el pueblo español apostató de su fe católica y no solamente no apostató, sino que consideró deber de conciencia defenderla con la bravura propia de quien defiende su mayor tesoro.

Y muy pronto dieron los españoles prueba de dicho deber de conciencia (vocación) ya que, una vez invadida España por los musulmanes, los cristianos se refugiaron en las montañas del norte.

A pesar de que en unos cuantos años surgieron varios reinos, todos ellos estaban unidos por una misma lengua derivada del latín, por la necesidad de expulsar a los invasores y -lo más importante- por la fe cristiana que profesaban en común.

Va a ser durante los ocho siglos de la Reconquista que aparezca en escena el caballero cristiano.

"Los siglos de la Reconquista", nos dice Manuel García Morente, "han impregnado de religiosidad hasta el tuétano el alma del caballero cristiano...El caballero cristiano es, pues, esencialmente un paladín defensor de una causa, deshacedor de entuertos e injusticias, que va por el mundo sometiendo toda realidad -cosas y personas- al imperativo de unos valores supremos, absolutos, incondicionales"[158].

Por su parte, José Robledo Galguera nos dice lo siguiente:

"En religión vivió la Hispanidad una época de exaltación de la parte cristiana, fomentada constantemente por la cruzada de la Reconquista con sus alternativas de victorias y derrotas, y se fue formando lentamente, pero para siempre el espíritu hispano-católico de preferencia decidida de los valores espirituales sobre los materiales"[159].

Ese ideal de cruzada colectiva fue el que inspiró a los grandes héroes españoles de la Reconquista, entre los que destacan el Cid, San Fernando e Isabel la Católica.

Ese ideal de sentirse miembros de un ejército de cruzados fue el que animó a los españoles dándoles ánimos en la lucha hasta culminar (2 de enero de 1492) con la expulsión definitiva de los musulmanes, tras la toma de Granada.

Pocos meses después, contando con el apoyo de los monarcas españoles, Cristóbal Colón descubre América y, a partir de ese momento, se pone en marcha no una cruzada militar sino más bien una cruzada misionera.

En menos de un siglo, España forma un gran imperio en cuyos dominios jamás se ponía el sol y que vio llegar hasta sus soleadas tierras todo un ejército de capitanes y misioneros.

Es aquella la época en la cual España dio al mundo un Zumárraga, un Vasco de Quiroga, un San Francisco Solano, un San Pedro Claver, un San Junípero Serra, un Hernán Cortés, un Francisco Pizarro, un Miguel López de Legazpi, un Andrés de Urdaneta y mil héroes y santos más.

Lo que aquí nos interesa resaltar es el hecho de que los conquistadores y misioneros que llegaron a tierras del Nuevo Mundo, en cierto modo, consideraron que su presencia en estas latitudes era continuación de la Reconquista que había culminado pocos años atrás.

"La cruzada ibérica", nos dice el historiador Luis Weckmann, "termina, como es sabido, el mismo año en que Colón realizó su primer viaje en busca de las Especierías...Las luchas entre cristianos e "infieles" se prolongaron allende el Atlántico. Los conquistadores de América se instalaron por la fuerza, fortificaron sus casas, ofrecieron o impusieron el bautismo a los

---

[158] **Idea de la Hispanidad**. Editorial Espasa-Calpe. 1ª Edición. Madrid, 1961. Página 58.
[159] **La Hispanidad a través de los siglos**. Ediciones Club España. 1ª Edición. México, 1954. Página 33.

indígenas, construyeron atarazanas y fosos, repitiendo nombres tradicionales tan significativos como el de Segura de la Frontera"[160].

Ya no se trataba de luchar contra los infieles. Mas bien lo que ahora se pretendía era liberar a los indígenas de las tinieblas de un paganismo inhumano que sacrificaba miles de víctimas al año ante ídolos sedientos de sangre.

Una vez realizada la conquista de las diferentes etnias que habitaban el continente americano, España envió misioneros que, al predicar el Evangelio, les anunciaban a los neófitos la Feliz Noticia de que existía un Dios que, en vez de sangrientos sacrificios humanos, lo único que pedía era el incruento sacrificio del Altar.

En muy pocos años, conforme van avanzando los exploradores, colonizadores y misioneros, se van fundando nuevas poblaciones.

"Hispanidad en su primera etapa", nos dice Francisco Xavier Scheifler, S.J. "fue la vocación de España de crear las naciones católicas de América"[161].

Vale la pena resaltar, brevemente, un dato muy importante: Aparte de la devoción hacia la Virgen María, los misioneros inculcaron de una manera muy especial la devoción por el Apóstol Santiago, patrono indiscutible de los cruzados de la Reconquista.

La devoción hacia el Apóstol Santiago arraigó profundamente en todo el continente y prueba de ello es una larga lista de grandes ciudades y pequeñas poblaciones que llevan su nombre. Vale la pena citar algunos: Santiago de Querétaro (México), Santiago de Cuba, Santiago de Chile, Santiago del Estero (Argentina), Santiago de los Caballeros (República Dominicana), Santiago de Guatemala, Santiago de Cotagayta (Bolivia) y un largo etcétera que incluye nombres de ríos, montañas y demás accidentes geográficos.

Durante los siglos en que España estuvo presente en tierras del Nuevo Mundo, aquí se imponen los ideales hispánicos según los cuales todos los hombres -sin importar su raza u origen- son hermanos por ser todos hijos de un mismo Dios.

Esta concepción de la vida facilitará la unión de las sangres, unión que dará origen a la raza mestiza que es la predominante en estas tierras.

"Tal mestizaje fue una consecuencia de la fe católica que reconoce la igualdad esencial de los hombres ante Dios, la que ve en cada uno de ellos un hermano"[162].

Gracias a la presencia de la España Católica en el continente descubierto por Colón, todos los pueblos se unificaron en lo lingüístico haciendo posible

---

[160] **La herencia medieval de México.** El Colegio de México. 1ª Edición. México, 1984. Página 21.

[161] **Trilogía de Hispanidad.** Editorial Jus. 1ª Edición. México, 1948. Página 72.

[162] José Antonio Llaguno, S.J. **Trilogía de Hispanidad.** Editorial Jus. 1ª Edición. México, 1948. Página 64.

que quien viviese en la Alta California pudiese entenderse con quien viviese a un lado de las cataratas de Iguazú.

Y no digamos unidad religiosa puesto que todos los habitantes del Imperio Español pronto se unificaron en torno a la fe católica.

Unidad lingüística, religiosa y cultural fue el sello característico del Imperio Español; algo muy parecido a lo que había hecho Roma al unificar a todos los pueblos europeos en torno al idioma latín y el Derecho Romano.

En el caso del Imperio Español, la unidad fue de mayores dimensiones puesto que no solamente comprendió el idioma y las leyes, sino que elementos unificadores fueron también la raza, la religión y una nueva cultura que se reflejaba en un modo diferente de entender la existencia.

Y es que cuando los galeones españoles surcan los mares cruzando, primero el Atlántico y luego el Pacífico, no lo hacen para formar un imperio material sino mas bien con la noble finalidad de construir una nueva civilización.

"No hay en la Historia universal", afirma Ramiro de Maeztu, "obra comparable a la realizada por España, porque hemos incorporado a la civilización cristiana a todas las razas que estuvieron bajo nuestra influencia"[163].

Sin embargo, aún hay más puesto que no todo se reduce a comprender como el Imperio Español unificó en lo lingüístico, racial, religioso y cultural a todo un continente.

En el momento en que dicha unidad se lograba, se iban sembrando las semillas de la vocación.

Vocación la inclinación que cada quien siente hacia un oficio determinado.

Ahora bien, no basta con que sintamos gusto por un determinado oficio, sino que es necesario que valgamos para el mismo. Y cuando alguien vale para dicho oficio se puede decir que tiene aptitud para desempeñarlo.

En el momento en que alguien tiene vocación y aptitud para un oficio, lo practica con gusto, da su máximo rendimiento y acaba siendo feliz.

En cambio, cuando ni existen ni la vocación ni la aptitud, se trabaja con amargura y esto trae como consecuencia la ruina.

Pues bien, lo mismo que ocurre con las personas ocurre también con las naciones.

La vocación de España se ha manifestado de muy distintas maneras:

+ Al luchar contra el islam durante ocho siglos, ha defendido la Fe Católica al mismo tiempo que ha servido como escudo protector de Europa.

+ Al predicar el Evangelio a todo un continente se ha convertido en la Nación Misionera por excelencia.

---

[163] **Defensa de la Hispanidad**. Editorial Poblet. 1ª Edición. Buenos Aires, 1952. Página 107.

+ Al destacar en todas las facetas del Arte (pintura, literatura, escultura, etc.) durante el Siglo de Oro, España ha sido capaz de demostrar como las creaciones humanísticas no deber ser algo frío, sino que deben ser medios para comunicar ideales de perfección.

Por todo ello y mucho más, la vocación de España ha sido la propagación y defensa de los valores espirituales por el mundo.

Y tomando en cuenta lo que acabamos de decir acerca de la felicidad que recibe quien cumple con su vocación, afirmamos que España ha sido no solamente próspera sino incluso feliz cuando ha cumplido con su vocación. En cambio, cuando se ha apartado de ella, le han sobrevenido ruina y amargura.

La grandeza de España se inició -una vez concluida la Reconquista- bajo el reinado de los Reyes Católicos para alcanzar su máximo esplendor en el siglo XVI reinando Carlos I y Felipe II.

Hasta los más diversos autores están de acuerdo en que España fue próspera y feliz cuando era dirigida por aquellos monarcas que hicieron cumplir la misión que la Providencia les había asignado: Defender por el mundo los valores espirituales, incorporando a todos los hombres a una empresa universal de salvación.

Desgraciadamente -y como al principio dijimos- las cosas empezaron a cambiar cuando España se apartó del camino vocacional que la Providencia le había señalado.

"La sinfonía se interrumpió en 1700, al cerrarse para siempre los ojos del Monarca hechizado…España era una pizarra en limpio, donde un Rey y una Corte extranjeros podían escribir lo que quisieran"[164].

El trágico desenlace todos lo conocemos: España, deslumbrada por el resplandor del Siglo de las Luces, se apartó del buen camino, se extravió por veredas exóticas y la consecuencia inmediata fue que, aparte de perder la tranquilidad espiritual, perdiese también un imperio en cuyos dominios jamás se ponía el sol.

"La Providencia", afirma Juan Louvier, "dio a España el Continente cuando ésta supo ser fiel a la Iglesia; la Providencia se lo quitó cuando luces que no eran las de la Iglesia encandilaron sus ojos"[165].

España perdió la ruta. Mas sin embargo dejó como herederos de esa misión providencial a un gran número de pueblos que en español rezan ante un Crucifijo y poseen la misma visión trascendente de la vida.

Esos pueblos, que antaño formaron parte del Imperio Español, son hoy naciones independientes que -a pesar de mil vicisitudes- se sienten ligadas a España con lazos de sangre, lengua, religión y gratitud.

---

[164] **Ídem**. Página 14.
[165] **La Cruz en América**. Ediciones de la Universidad Popular Autónoma del Estado de Puebla. 1ª Edición. México, 1990. Página 86.

Todas ellas forman un gran bloque espiritual que es conocido con el nombre de **Hispanidad.**

Así pues, la Hispanidad es una especie de imperio espiritual que determina en el mundo un mismo modo de ser, de obrar, de sentir y de creer.

Ahora bien -y como anteriormente dijimos- hubo un tiempo en que España supo ser fiel a una vocación muy especial que consistió en servir de escudo protector a Europa, defender la fe cristiana e incorporar a miles de pueblos a la Iglesia Católica.

Como antes dijimos, España dejó de cumplir su vocación y, al extraviar el camino, empezó a marchar de mal en peor.

"En los nidos de antaño, no hay pájaros hogaño" dice el refrán y aunque es evidente que la España de hoy no es ya la España de otros tiempos, también es evidente que esas naciones hispánicas, por ser hijas suyas, son herederas de la vocación que en otros siglos le correspondió cumplir a la Madre Patria.

¿Y cuál sería la vocación de esos pueblos hispánicos herederos naturales de la España de Recaredo, de don Pelayo, del Cid, del Apóstol Santiago, de San Fernando, de Isabel la Católica y de Miguel de Cervantes?

Cedemos la palabra a Ramiro de Maeztu: "La misión histórica de los pueblos hispánicos consiste en enseñar a todos los hombres de la tierra que si quieren pueden salvarse, y que su elevación no depende sino de su fe y su voluntad"[166].

Según esto, la vocación de los pueblos que conforman el vasto universo de la Hispanidad es una vocación esencialmente misionera con la particularidad de que va mucho más allá de la simple predicación del Evangelio.

Refiriéndose a la misión histórica de los pueblos hispánicos, Adalberto González Morfín, S.J. se muestra un poco más explícito al afirmar que "la única meta de la historia del mundo, en el tiempo, es que toda la humanidad ingrese en la Iglesia Católica. Porque el destino de todas las gentes es llegar a la salvación eterna, y a esta salvación se llega solamente por la Iglesia Católica.

"De aquí se sigue una consecuencia doble: los pueblos que gozan de esa fe tienen el deber de defenderla, de acentuarla, de corroborarla en su territorio, en el ámbito de la propia patria. En segundo lugar, tienen el deber de irradiar esa fe"[167].

"Un día vendrá, y acaso sea pronto, en que un indio azteca, después de haber recorrido medio mundo, se ponga a contemplar la catedral de Méjico y por primera vez se encuentre sobrecogido ante un espectáculo que le fue toda la vida familiar y que, por serlo, no le decía nada. Sentirá súbitamente que las piedras de la Hispanidad son más gloriosas que las del Imperio romano y

---

[166] Ramiro de Maeztu. **Óp. Cit.** Página 75.
[167] **Trilogía de Hispanidad.** Editorial Jus. 1ª Edición. México, 1948. Página 35.

tienen un significado más profundo porque mientras Roma no fue más que la conquista y la calzada y el derecho, la Hispanidad, desde el principio, implicó una promesa de hermandad y de elevación para todos los hombres"[168].

Una vocación que, aparte de comunicarle a los gentiles que ya el Verbo se hizo carne y que ya redimió al linaje humano pagando la deuda derivada del pecado original y de los pecados personales, va -repetimos- mucho más allá. En latín, **"más allá"** se dice **"plus ultra"**.

Un "plus ultra" que consiste en presentar un estilo de vida que se caracteriza por decirle al mundo entero que no hay razas inferiores ni superiores, que todos somos iguales por ser hijos de Dios y que -conscientes de tal alta dignidad- no cabe que se humille al ser humano considerándolo simple objeto de explotación o de placer.

En otro orden de ideas... ¿En qué región del mundo o a que raza pertenecen los pueblos hispánicos?

Si deseamos responder con cierta precisión dicha pregunta, diremos que la Hispanidad no es solamente el territorio donde han nacido los pueblos hispánicos ni tampoco es el simple conglomerado de hombres y mujeres.

Lo anterior, si acaso, sería el cuerpo o la parte física de una Hispanidad que tiene también su alma, un alma formada por la cultura, la religión y una misión providencial pendiente de ser cumplida.

Y tan cierto es esto que la Hispanidad no se encuentra en un solo territorio sino más bien en muchas y diversas tierras.

Y es así que encontramos pueblos hispánicos no solamente en México sino en los territorios del sudoeste de los Estados Unidos; encontramos pueblos hispánicos en ambas faldas de la cordillera de los Andes; encontramos pueblos hispánicos tanto en la península ibérica como en las tropicales aguas del Caribe; encontramos pueblos hispánicos en la Guinea Ecuatorial o en las siete mil islas que componen el archipiélago de las Filipinas.

Desde luego que, consecuencia de dicha dispersión, es que los pueblos hispánicos habiten en los más diversos climas y latitudes geográficas.

Ahora bien, analizando la situación actual de los pueblos hispánicos con sus graves problemas que son de la índole más diversa, con gran tristeza, vemos como los herederos de aquella España están lejos, pero muy lejos, de cumplir su vocación.

Si definiésemos a la Hispanidad como una vocación pendiente de ser cumplida, la problemática por la que atraviesan estos pueblos nos desengaña al comunicarnos que se trata de una vieja carabela que aun no ha llegado a su destino.

---

[168] Ramiro de Maeztu. **Óp. Cit.** Páginas 289 y 290.

Cuando, bajo el reinado de Fernando VII, España perdió su imperio, por un momento existió la esperanza de que las nuevas naciones -y México de un modo muy especial- pudiesen acometer la empresa de cumplir con una vocación pendiente.

Y señalamos a México de modo muy especial porque, en el momento en que Iturbide consiguió la Independencia, aquí surgía un imperio cuya extensión territorial iba desde el paralelo 42 en la Alta California hasta donde Centroamérica se unía con la Gran Colombia.

Un imperio de grandes dimensiones cuyo emperador tenía plena conciencia del papel histórico que le había tocado desempeñar.

"Y ese era el plan de Agustín de Iturbide: construir una sola nación con las de Centro América, porque los "intereses eran idénticos e indivisibles", y porque con ello se aseguraba la existencia y la libertad de todas las provincias del imperio, poniéndolas a cubierto de las tentativas de los extranjeros. Este era el curso natural de los acontecimientos, al que Iturbide abrió cauce con firme mano. Si las cosas se desarrollaron de otro modo fue porque un imperialismo extranjero, al que sirvieron de instrumento criollos encandilados, tenía interés en que, en lugar de una fuerte y sólida nación hispanoamericana, hubiese varias pequeñas, débiles y anárquicas repúblicas cuyo dominio fuera fácil"[169].

Como en su momento señalamos, esto provocó recelos entre quienes, a orillas del río Potomac, tenían otros planes para Hispanoamérica.

Iturbide fue derrocado y fusilado. México entró en caos y, al mismo tiempo, el caos se apoderaba también de otras naciones del continente.

Fusilamiento de Agustín de Iturbide

---

[169] Alfonso Trueba. **Iturbide. Un destino trágico.** Editorial Jus. 3ª Edición. México, 1959. Página 117.

"Al morir Iturbide, asesinado por la Masonería, por estorbar su proyecto de crear en Estados Unidos una superpotencia controlada por ella, para ser un instrumento eficaz para controlar a su vez a Ibero América e influir a nivel mundial, "moría también la superpotencia real ya existente que representaba en esos momentos el Imperio Mexicano católico", que se les había salido de control a la masonería internacional. México en esos días estaba cultural, técnica, científica, económica y militarmente a la altura de cualquier país del mundo, podía fácilmente haberse convertido en una de las máximas potencias, no solamente de América, sino del mundo"[170].

"Los pueblos hispanoamericanos se entregaron a una furiosa auto denigración. Desconocieron su experiencia secular, muy valiosa, pues durante el régimen colonial habían tenido una actividad autónoma suficiente para capacitarlos y, desdeñando la riqueza institucional de que eran herederos, se dedicaron a la imitación de la obra norteamericana"[171].

El resultado fue la división, el enfrentamiento entre pueblos hermanos y que -al final- quienes recogiesen la cosecha fuesen los impulsores del Destino Manifiesto.

Complementando lo anterior, vale la pena citar al maestro de América don José Vasconcelos quien, al referirse a la tragedia que aflige permanentemente a los pueblos hispánicos, hace el siguiente diagnóstico:

"Despojados de la antigua grandeza, nos ufanamos de un patriotismo exclusivamente nacional, y ni siquiera advertimos los peligros que amenazan a nuestra raza en conjunto. Nos negamos los unos a los otros.

…

"Se perdió la mayor de las batallas el día en que cada una de las repúblicas ibéricas se lanzó a hacer vida propia, vida desligada de sus hermanos, concertando tratados y recibiendo beneficios falsos, sin atender a los intereses comunes de la raza. Los creadores de nuestro nacionalismo fueron, sin saberlo, los mejores aliados del sajón, nuestro rival en la posesión del continente. El despliegue de nuestras veinte banderas de la Unión Panamericana de Washington deberíamos verlo como una burla de enemigos hábiles"[172].

A partir de entonces, los pueblos hispánicos -divididos y enfrentados entre sí- quedaron a merced del Coloso del Norte el cual, siempre que le convino, ningún reparo tuvo en aplicar la política del Gran Garrote.

Y fue así como, a partir del siglo XIX, el imperialismo yanqui se mostró de manera implacable ya sea invadiendo países, apropiándose de territorios,

---

[170] Klaus Feldmann. **México. Tierra de Dios y María Santísima.** Abc ediciones y servicios. 1ª Edición. Puebla, 2007. Página 78.
[171] Carlos Pereyra. **Breve historia de América.** Editorial Patria. 5ª. Edición. México, 1969. Página 440.
[172] **La raza cósmica.** Espasa-Calpe Mexicana. 3ª Edición. México, 1966. Página 18.

deponiendo presidentes e imponiendo esclavizantes condiciones económicas a los países de Hispanoamérica.

Cuando en 1847 los Estados Unidos le arrebataron a México más de la mitad de su territorio, en mucha gente quedó la duda de porque razón - teniendo todo a su favor- los invasores no aprovecharon para anexionarse el resto del territorio mexicano.

Esta actitud de los invasores quizás pudiera explicarse como resultado de un generoso gesto de misericordia.

Nada de eso. Es muy probable que la explicación se encuentre en el hecho de que, al contar el centro de México con una población mayoritariamente católica, mestiza e hispanoparlante, al imperialismo yanqui le hubiera resultado muy difícil -por no decir imposible- asimilar a todo un pueblo hispánico.

No olvidemos que los yanquis, después de estudiar concienzudamente la información que les había entregado Humboldt, sabían muy bien cuál era el terreno que estaban pisando.

Por lo tanto, quedarse con el resto de México hubiera sido algo parecido a tragarse un nopal con todo y espinas o sea engullirse un platillo indigesto que no tardaría en causarles problemas.

"En suma, la religión puritana, el clima y el racismo (monstruosa deformación este último de la teología calvinista) nos descalificaron por doble o triple partida; más démonos de santos porque nuestras imperfecciones nos salvaron de la absorción total"[173].

"Lo que salvó a Méjico entonces", agrega Carlos Pereyra, "fue lo que le ha salvado siempre. Ni regalado quieren los Estados Unidos un país que les impone la ardua incorporación de elementos extraños"[174].

Fue así como, aplicando ese agudo pragmatismo heredado de la herejía calvinista, los yanquis prefirieron apoderarse de vastas extensiones territoriales que se hallaban deshabitadas.

A los invasores les resultada mucho más práctico y rentable llenar aquellos desiertos con rubios protestantes que venían desde la costa del Atlántico, atraídos por el señuelo de las minas de oro que se habían descubierto en California y que -como antes dijimos- ya había insinuado Humboldt en los informes que le había entregado a Jefferson.

Y fue así como, a la vuelta de unas cuantas décadas, el despojo de territorios que anteriormente se hallaban sin habitantes se completó con la llegad de miles y miles de anglo protestantes que procedían de los estados de la costa Este.

---

[173] Juan A. Ortega y Medina. **Destino Manifiesto.** SepSetentas. 1ª Edición. México, 1972. Página 145.
[174] **México Falsificado.** Editorial Polis. 1ª Edición. México, 1949. Tomo I. Página 161.

La nueva invasión -esta vez idiomática y cultural- consumó el despojo que se inició tras la guerra de 1847.

Sin embargo, el imperialismo yanqui no se conformó con llenar espacios dentro de los territorios que le había arrebatado a México.

Fiel a su política del **"Big stick"** (Gran garrote) el imperialismo yanqui no perdió de vista a los pueblos que habían quedado al sur del Río Bravo.

Ya en 1912, el presidente Theodore Roosevelt había dicho que "la asimilación de estos países a los Estados unidos será larga y difícil mientras permanezcan como católicos".

Muchos años después, en 1969, después de una gira que hizo por varios países de Hispanoamérica, el magnate Nelson Rockefeller llegó a la siguiente conclusión: "Hay que sustituir a los católicos por otros cristianos".

Eso explica cómo, a partir de 1970, una impresionante invasión de sectas protestantes se haya extendido a todo lo largo y ancho del continente.

Volviendo sobre nuestros pasos, en vista de que el imperialismo yanqui no podía engullirse al continente hispanoamericano, prefirió controlarlo económicamente.

Y para ello fomentó que, en las diversas repúblicas que se habían ido formando, el poder lo tuviesen elementos dóciles a lo que disponían los inquilinos de la Casa Blanca.

Y fue así como esas pobres repúblicas (que los yanquis califican despectivamente como "bananeras") se dedicaron a producir mercancías que les vendían a los gringos a bajísimo precio para -una vez industrializadas- comprárselas después a ellos mismos al precio que ellos impusieran.

"Los intereses políticos de los Estados Unidos", nos dice Francisco Bulnes, "son los intereses puramente económicos en acción y evidenciando su lucha por prevalecer.

"El interés comercial de Estados Unidos exige la comunicación con el Atlántico, rompiendo el continente en Panamá o Nicaragua"[175].

Otra faceta en la que se manifiesta el poderío yanqui sobre los diferentes regímenes de los países hispánicos consiste en la aparente tolerancia con que apoya a gobiernos de tendencia populista.

¿Cómo es posible que la gran nación capitalista tolere e incluso apoye a regímenes que tienen sistemas económicos opuestos al suyo?

El sociólogo Rigoberto López Valdivia nos da la explicación: "Los más fuertes competidores de los Estados Unidos en el mercado internacional son los países que han adoptado el mismo sistema de empresa privada, como es el caso de Alemania Occidental y Japón. Así pues, a los Estados Unidos no

---

[175] **El triste porvenir de los países latinoamericanos.** Editorial Contenido. 1ª Edición. México, 1975. Página 66.

les conviene tener competidores aptos y eficientes, sino competidores fracasados e ineptos, los cuales no crean ningún peligro comercial"[176].

Dicho en otras palabras: Considerando la gran riqueza de recursos naturales que poseen los pueblos hispánicos, a los Estados Unidos de ninguna manera les conviene que dichos pueblos sean gobernados por elementos que sepan aplicar las teorías económicas que han dado resultado en otras latitudes.

Y es que, si eso ocurriera, en muy poco tiempo, las naciones hispanoamericanas que hubiesen aplicado teorías tan exitosas muy pronto se transformarían en potencias económicas.

Unas potencias económicas que serían peligrosos competidores de unos Estados Unidos que no serían ya la única voz dentro de los foros económicos internacionales.

Esa es la explicación por la cual -aunque sea difícil de entender- los capitalistas yanquis que controlan los grandes centros financieros no solamente alientan sino incluso apoyan a una serie de demagogos que, por aplicar teorías económicas erróneas, están destinados al fracaso.

Todos esos demagogos -auténticos pobres diablos- lo único que hacen es empobrecer a sus pueblos y vociferar contra el imperialismo yanqui.

Pobreza y demagogia es lo único que producen una serie de populistas que, aunque se resistan a reconocerlo, lo que en realidad están haciendo es apoyar a una serie de capitalistas insaciables que lo tienen todo fríamente calculado.

Una vez más se comprueba la afirmación de John Fuster Dulles quien cínicamente llegó a decir que **"los Estados Unidos no tienen amigos sino intereses".**

Muy diferente sería el panorama si varias repúblicas hispanoamericanas se unificasen en lo ideológico y aplicasen doctrinas económicas que han tenido éxito allí donde se han aplicado.

En el momento en que los gobernantes de los pueblos hispanos abran los ojos y gobiernen apegados a la ortodoxia económica, en ese momento habrá surgido un poderoso bloque que podría servir de contrapeso al tan odiado imperialismo yanqui.

Una vez explicado lo anterior, estamos ya en mejores condiciones de comprender el papel que a Iturbide le tocó representar y comprender también el pavor que produjo en los medios anglo protestantes la posibilidad de que el Libertador de México, gobernante de un inmenso imperio, llegase a cumplir la vocación que se le había encomendado.

"Agustín de Iturbide", nos dice Andrés Barquín y Ruiz, "con su genio y el conocimiento de la realidad histórica, supo siempre que los Estados Unidos

---

[176] Prólogo del libro cuyo autor es Luis Pazos. **El fracaso del socialismo.** Editorial Tradición. 2ª Edición. México, 1976. Página XX.

eran y siguen siendo, con si sempiterno imperialismo yanki, los enemigos naturales de México, los invasores de América como bien les llamaba el antiiturbidista Lucas Alamán, por otra parte gran historiador y recio adversario de ese imperialismo, y no sólo de México sino de toda Hispanoamérica, y por eso combatió a ese mismo imperialismo creando el Imperio Mexicano como el baluarte primero de la Hispanidad en el Nuevo Mundo frente a él como el valladar de la América Española a su expansión..."[177]

A continuación, citamos tres textos cuyo autor es el propio Agustín de Iturbide y que constituyen la base doctrinal sobre la que se asienta la conciencia hispánica del Libertador de México.

La unión hispanoamericana.

"¡Americanos! ¿Quién de vosotros puede decir que no desciende de español? Ved la cadena dulcísima que nos une: añadid los otros lazos de la amistad, la dependencia de intereses, la educación e idioma y la conformidad de sentimientos, y veréis son tan estrechos y tan poderosos que la común felicidad del reino es necesario hagan todos reunidos en una sola opinión y en una sola voz".

(Proclama de Iguala)

Españoles de Hispanoamérica.

"¡Españoles europeos! Vuestra patria es la América, porque en ella vivís; en ella tenéis a vuestras amadas mujeres, a vuestros tiernos hijos, vuestras haciendas, comercio y bienes".

(Proclama de Iguala)

México es independiente aún de la potencia yanqui.

"La Nueva España es independiente de la antigua y de toda otra potencia, aun de nuestro continente".

(Artículo 2º. Del Plan de Iguala)

Sus profundas convicciones políticas y su firme fe católica influyeron para que Iturbide tomara conciencia del ideal de hispanidad mucho antes de que aparecieran en el escenario un Ramiro de Maeztu y un Manuel García Morente.

Iturbide tenía conciencia de que todos los pueblos que hasta muy poco tiempo atrás habían formado parte del Imperio Español constituían una unidad lingüística, religiosa y cultural.

Y también los pueblos hermanos de Centroamérica poseían dicha conciencia y la prueba es que, en cuanto Iturbide proclamó la Independencia, solicitaron unirse al Imperio Mexicano.

Un imperio hispano católico que, de no haber terminado como terminó hubiera llegado a ser una gran potencia económica y cultural, destinada a

---

[177] **Agustín de Iturbide. Campeón del Hispanoamericanismo.** Editorial Jus. 1ª Edición. México, 1968. Página 150.

transformarse en la barrera natural que contuviese las ambiciones expansionistas del imperialismo yanqui.

Sin embargo, allá en la Casa Blanca, supieron ver a tiempo el peligro y fue así como, manipulando a sus mafias masónicas, no descansaron hasta ver como el temible enemigo se derrumbaba. No obstante, por haber tomado conciencia de que en los dominios del antiguo imperio español seguía existiendo un alma que todo lo animaba, consideramos que Agustín de Iturbide puede ser considerado como precursor del moderno ideal de la Hispanidad.

Un ideal hispánico que en todo momento animó a Iturbide y que se frustró no solamente debido a las intrigas que se cocinaban en la Casa Blanca y a las conjuras de las logias sino también en gran parte debido a las envidias que corroían las entrañas de los más allegados al Emperador.

De los siete pecados capitales, la envidia es el más rastrero, tanto así que quien se siente dominado por él jamás se jacta de ello porque, quiérase o no, quien se jacte de ser envidioso acaba reconociendo la superioridad de aquel a quien envidia.

Pues bien, esta mescolanza de envidiosos, masones, conspiradores y poderosos intereses creados fabricó un brebaje venenoso que acabó quemando las raíces del que hubiera sido el árbol frondoso de la hispanidad mexicana.

REFLEXION FINAL

Hemos llegado a la parte final de este trabajo y, después del largo camino recorrido, hemos visto como el Libertador de México, don Agustín de Iturbide y Aramburu, fue un hombre de carne y hueso, con sus miserias y con sus grandezas, pero hombre, a fin de cuentas.

Sin embargo, fue Iturbide y nadie más que Iturbide el hombre que hizo de México un Estado Libre y Soberano.

Una proeza impensable en aquellos difíciles momentos y que nuestro personaje supo llevar a buen término aprovechando una serie de felices circunstancias que bien podemos calificar de providenciales porque se realizaron de un modo totalmente pacífico.

Un héroe en toda la acepción de la palabra. Un héroe que, además, fue también un hombre de visión puesto que, en su Plan de Iguala, más que divisiones y enfrentamientos, lo que buscaba era la unión entre españoles y americanos, así como la defensa de la religión católica.

Ni duda cabe que un imperio que se apoyase en las Tres Garantías del Plan de Iguala mucho habría de tener en común con los ideales de los restantes pueblos hispánicos del continente.

¿Fueron acertadas las decisiones de Iturbide? ¿Acaso no tuvo errores? Repetimos lo que al principio dijimos: Iturbide no fue un semidios de esos que moran en el Olimpo. Iturbide fue un hombre como cualquiera de nosotros y, por ende, cometió también errores.

Como en su oportunidad lo señalamos, a lo largo de su trayectoria, nos encontramos con dos Iturbides: El cruel militar realista que reprime con saña a los insurgentes y el titubeante emperador que se ve arrastrado por el torbellino de los acontecimientos.

¿A qué se debe esta segunda actitud? ¿Acaso, una vez encumbrado, se dio cuenta de que tenía que vérselas con ocultos y poderosos enemigos que contaban con el apoyo incondicional del Coloso del Norte?

Otro error que consideramos que cometió Iturbide fue el no haberse rodeado de consejeros expertos y prudentes como pudo haberlo sido don Lucas Alamán.

Ciertamente que, a lo largo de estas páginas, hemos insistido en la antipatía visceral que Alamán sentía por Iturbide; una antipatía visceral que, sin embargo, no impidió que el historiador guanajuatense haya sabido reconocer los aciertos que tuvo el Libertador.

Al ser la Historia maestra de la vida, basándonos en las experiencias de nuestros antepasados, consideramos que otro hubiera sido el rumbo de México si don Agustín hubiera buscado a don Lucas y que éste hubiera tenido la humildad de refrenar su animadversión buscando siempre lo que más le convenía a México.

Quizás otra falla de Iturbide haya sido (y aquí mucho hubiera ayudado un hombre de mundo como Alamán) el que no haya cristalizado la unión con Sudamérica buscando una alianza con Simón Bolívar.

En este caso bien podríamos disculpar a Iturbide recordando como no tuvo tiempo puesto que el Primer Imperio duró apenas diez meses, durante los cuales los sabotajes y embestidas de los diputados, de los envidiosos y de las mafias masónicas no cesaron un solo instante.

Muchos de quienes simpatizan con Iturbide piensan que fue un personaje incomprendido por la gente de su época.

Nosotros pensamos exactamente lo contrario: No es que el Libertador sea un personaje incomprendido puesto que sus detractores saben mejor que nadie lo que Iturbide representa.

Iturbide es un personaje odiado porque supo encarnar los ideales de un pueblo que deseaba ser independiente conservando tanto su religión como sus raíces hispánicas.

Ni duda cabe que esto repugnaba a quienes, desde las sombras, tenían otros proyectos para México; por eso fue que supieron mover todos los hilos de la trama dándole vida a una serie de títeres que actuaron de manera organizada no solamente alejándole del poder sino llegando al extremo de asesinarlo puesto que fue -como ya hemos demostrado- un asesinato el que privó de la vida al Libertador de México.

Y por esa razón, porque temen que su ejemplo pueda ser imitado por quienes en el siglo XXI luchan por ideales que defiendan la religión católica, la independencia frente a los imperialismos extranjeros, así como la unión de todos los pueblos hispánicos; precisamente por eso -por temor- es que denigran su memoria acusándolo de traidor.

Sin embargo, no hay que perder la esperanza puesto que, como bien nos dice Don Quijote "el tiempo, descubridor de todas las cosas, no deja ninguna que no la saque a la luz del sol, aunque esté escondida en los senos de la tierra" (**El Quijote**. Parte Segunda. Capítulo XXV).

Pero para que el tiempo saque las cosas ocultas y las exponga a la luz del sol es necesaria la acción decidida de historiadores que no solamente sean auténticos profesionales, sino que sepan narrar lo que realmente ocurrió con auténtica valentía.

Concluimos con una afortunada frase del Eclesiástico que resulta muy oportuna en estos momentos: **"Lucha por la Verdad hasta la muerte y el Señor combatirá por ti"** (Eclesiástico 4, 28).

Y es que, como bien nos dice el Divino Maestro: **"La Verdad os hará libres"** (San Juan 8, 32).

FINIS CORONAT OPUS
LAUS DEO

Monumento a Agustín de Iturbide en el
Pasaje Iturbide de la Ciudad de México

ANEXO   I

Artículo publicado por **Celerino Salmerón** en EL SOL DE MEXICO.
Jueves 28 de septiembre de 1967.

CONSUMACION DE LA INDEPENDENCIA.

Ni Los liberales negaban que Iturbide la había logrado; luego todo cambió.

Ninguna figura de la Historia de México, en lo que va del presente siglo, ha sido víctima de la injusticia d partido, como la d don Agustín de Iturbide.

Y digo en lo que va del presente siglo, porque en el pasado, el Libertador de México siempre gozó de los honores que le prodigaron aun los más personificados liberales.

En efecto, Valentín Gómez Farías lo proclama emperador con grandes elogios; don Lorenzo de Zavala, en sus sólidos escritos históricos , lo elogia, no obstante haber sido adversario político del Caudillo Trigarante; don Benito Juárez invocaba a Iturbide cuando peregrinaba por el norte dl país durante la Intervención francesa, según consta en un poderoso escrito histórico del licenciado José Fuentes Mares; don José María Lafragua, quien fuera ministro de Comonfort, Juárez y Lerdo, en un célebre discurso pronunciado el 27 de septiembre de 1841, comparaba a Iturbide con Bolívar, Washington y Napoleón; y después de analizar correctamente los hechos históricos, atribuía superioridad a Iturbide sobre los tres personajes del parangón; pero fundamentalmente sobre Simón Bolívar y Napoleón Bonaparte.

El general Díaz invocaba a Iturbide contra Juárez, al lanzar una proclama en Huajuapan de León , en noviembre de 1871; don Vicente Riva Palacio, principal coautor de México a Través de los Siglos, en el "Libro Rojo", obra suya, aparte de condenar con vehemencia el asesinato de Iturbide, describe noveladamente y en forma por demás fascinante, la entrada triunfal del Ejército Trigarante a la ciudad de México, aquel memorable 27 de septiembre de 1821, descripción en la que, don Agustín de Iturbide ocupa su indiscutible puesto de Libertador; don Justo Sierra, en sus obras de Historia de México, no oculta a Iturbide sus grandes méritos de Libertador; don Francisco Bulnes, para 1919, escribe la más seria y completa defensa de Iturbide en "La Guerra de Independencia, Hidalgo e Iturbide"; y todavía para 1921, primer centenario de la Consumación de nuestra Independencia, don Fernando Iglesias Calderón, de auténtica y añeja solera liberal, habla elogiosamente en la prensa de entonces sobre la obra libertadora de Iturbide.

Como se ve, no son pocos los liberales de vanguardia que de diferentes maneras y en diversos escritos, han tributado cumplidos honores al ahora calumniado Héroe de Iguala.

La pasión en vez de la Historia.

Pero el odio que se profesa a Iturbide, no es producto de la ilustración ni de la honradez de que carecen sus más enconados enemigos; sino de la pasión, de la más absoluta falta de moralidad y de la más completa ignorancia en cuestiones históricas.

En las escuelas se ataca innoblemente a don Agustín sin siquiera conocerlo. En la prensa y en la radio casi siempre se actúa en su contra de la misma manera. El monumento en Padilla, en el lugar mismo de su muerte, ha sido constantemente profanado por sus enemigos, a tal grado que hasta las lápidas conmemorativas han sido arrancadas con ferocidad de caníbal. En 1921, sacrílegamente, como dice García Naranjo, su nombre fue arrancado y proscrito de la Cámara de Diputados. Siendo presidente de la República el general Ávila Camacho, oficialmente se ordenó la mutilación de nuestro Himno Nacional, al suprimir las estrofas que cantan a Iturbide. No sabemos hasta cuando permanezcan su nombre y su estatua en la Columna de la Independencia.

Con el más absoluto desprecio hacia el Decálogo que ordena -no robarás- modernamente se niega que Iturbide sea el autor del Plan de Iguala, de nuestra hermosa Bandera Tricolor y hasta de la Consumación de nuestra Independencia Nacional; y se pretende convertir, sin rubor, en beneficiario de estos singulares méritos al general don Vicente Guerrero.

Nadie se ha atrevido a despojar a don Francisco González Bocanegra y a Jaime Nunó de la legítima gloria de ser los autores de nuestro Himno Nacional. A don Manuel Tolsá nadie lo ha despojado de la gloria de ser el autor de la estatua a Carlos IV, obra de arte singular. Benvenuto Cellini tiene fama universal de gran asesino, y, sin embargo, todo mundo admira sus obras de genial cincelador. Solamente los rapaces glorificadores de don Vicente Guerrero lo atavían con el gran despojo de los méritos de Iturbide.

Don Justo Sierra, tan reverenciado como admirado historiador liberal, dice así al hablar de Iturbide: "...la Obra de Iturbide, a quien jamás con justicia se arrancará el nombre de libertador"; lo que, de modo opuesto, según don Justo Sierra, despojar a Iturbide dl nombre de Libertador, equivale a una gran injusticia.

Dos cartas textuales de Guerrero.

Sin embargo, es el mismo general Guerrero quien nos deja dos clarísimas cartas suyas, en las que, sin mezquindades ni reticencias, reconoce a Iturbide como al Libertador y como su protector. La primera y tierna misiva escrita por don Vicente Guerrero desde su tierra natal, Tixtla, con fecha 28 de mayo de 1822, para adherirse a la elección de Iturbide como emperador, dice así: "Cuando el ejército, el pueblo de México y la Nación representada en sus dignos Diputados del Soberano Congreso constituyente, han exaltado a V.M.I. a ocupar el trono de este imperio, no me toca otra cosa que añadir mi voto a la voluntad general, y reconocer, como es justo, las leyes que dicta un pueblo libre y soberano. Este, que después de tres siglos de arrastrar ominosas cadenas, se vio en la plenitud de su libertad, debida al genio de V. M.I. y a sus mismos esfuerzos con que acudió aquel yugo, no habrá escogido la peor suerte, y así como haya afianzado el pacto social para poseer en todo tiempo los derechos de su soberanía, ha querido retribuir agradecido los servicios que V.M.I. hizo por su felicidad, ni es de esperar que quien fue su libertador sea su tirano: tal confianza tienen los habitantes de este imperio, en cuyo número tengo la dicha de encontrarme...Mi corto sufragio nada puede, y sólo el mérito que V.M.I. supo adquirirse, es lo que lo ha elevado al alto puesto a que lo llamó la Providencia, donde querrá el imperio y yo deseo que se perpetúe V.M.I. dilatados años para su mayor felicidad. Reciba por tanto V.M.I. mi respeto y las más tiernas afecciones de un corazón agradecido y sensible. A los imperiales pies de V."

Y la segunda carta tan apasionada como apasionante, de fecha 4 de junio de 1822 y en la que Guerrero da cuenta a Iturbide del regocijo con que el pueblo recibió y festejó su proclamación imperial, dice también así: "Nada faltó a nuestro regocijo sino la presencia de V.M.I.: resta echarme a sus imperiales plantas y el honor de besar su mano, pero no será muy tarde cuando logre esta satisfacción, si V.M.I. me lo permite. Bien querría marchar en este momento a cumplir con mi deber, pero no lo haré ínterin no tenga permiso para ello, y si V.M.I. llevare a bien que con este objeto pase a esa corte, lo ejecutaré en obteniendo su licencia que espero a vuelta de correo. Esta es contestación a la muy apreciable carta de V.M.I. de 29 del próximo pasado mayo con que me honró, presentándole de nuevo mi respeto, mi amor y eterna gratitud. Creo haber dado pruebas de estas verdades y me congratulo de merecer la estimación de V.M.I., en quien reconoceré toda mi vida mi único protector".

Según estos dos testimonios escritos del general don Vicente Guerrero, ¿quién es, pues, el Libertador de México? ¿Quién es el superior? ¿Quién es el protector y quién el protegido?

ANEXO II

Artículo publicado por **Alfonso Trueba** en el diario EXCELSIOR el martes 28 de septiembre de 1971.

150 años después.

SUEÑO DE GLORIA

SUEÑO DE GLORIA.

Hoy, 28 de septiembre, hace ciento cincuenta años que fue firmada el Acta de Independencia de México. A las ocho de la mañana se reunieron en el salón principal del palacio que había sido de los virreyes, los miembros de la junta provisional gubernativa, convocados por Iturbide, con asistencia de O Donojú. La junta declaró estar legítimamente instalada y luego sus individuos se trasladaron a la catedral, donde prestaron juramento de guardar fielmente el Plan de Iguala y los Tratados de Córdoba. Por unanimidad de votos Iturbide fue elegido presidente de la junta.

Aquella misma noche se reunieron otra vez los nuevos dirigentes de la nación y fue firmada el "Acta de Independencia del Imperio Mexicano". Después de reconocer "consumada la empresa eternamente memorable que un genio superior a toda admiración y elogio, amor y gloria de su patria, principió en Iguala, prosiguió y llevó a cabo arrollando obstáculos casi insuperables", la junta declara solemnemente que México es "nación soberana e independiente de la antigua España, con quien en lo sucesivo no mantendrá otra unión que la de una amistad estrecha" y que "va a constituirse con arreglo a las bases que en el Plan de Iguala y Tratados de Córdoba estableció sabiamente el primer jefe del ejército imperial de las tres garantías", ofreciendo sostener esta declaración con el sacrificio de la vida si fuese necesario.

Con la publicación solemne de esta Acta, que firman treinta y seis personas encabezadas por Iturbide y O Donojú, quedó formalmente concluido el período de la dominación española en México y dio principio la vida independiente.

Hace 150 años la nación vivió los días más felices d su historia. Los colores de la nueva bandera, símbolo de las tres garantías, se presentaron "en mil formas caprichosas" y las mujeres los llevaban en las cintas y moños de sus peinados. Los testigos están de acuerdo en declarar que la alegría era universal. Se había realizado un sueño de gloria.

Iturbide, autor de la empresa que parecía imposible, había dicho a los mexicanos: "Ya me veis en la capital del imperio más opulento sin dejar atrás ni arroyos de sangre, ni campos talados, ni viudas desconsoladas, ni desgraciados hijos que llenen de maldiciones al asesino de su padre; por el contrario, recorridas quedan las principales provincias de este reino, y todas uniformadas en la celebridad, han dirigido al ejército Trigarante vivas expresivos y al cielo votos de gratitud: estas demostraciones daban a mi alma un placer inefable y compensaban con demasía los afanes, las privaciones y la desnudez de los soldados, siempre alegres, constantes y valientes. Ya sabéis el modo de ser libres: a vosotros toca señalar el de ser felices…"

¡Pobre Iturbide! En aquellos momentos de gozo, cuando era aclamado como libertados por todo un pueblo, no podía imaginarse que el Estado que él mismo fundara le negaría el derecho a ser llamado padre de la Independencia.

Falsificando el hecho histórico, la gloria se atribuye oficialmente a otros personajes. Es como si el Estado por medio de un decreto declarara que no fue Manuel Tolsá quien esculpió la estatua de Carlos IV y que el mérito de la obra debe atribuirse a quien fundió el metal. Convengamos en que es ridículo que el Estado, por medio de decretos, trate de establecer la verdad histórica.

Para celebrar el sesquicentenario de la Independencia no se nos ha ocurrido otra cosa que exhumar una frase más y reproducirla por todas partes, sin darnos cuenta de que la gente ya está harta de frases más o menos líricas y lo que pide son hechos verdaderos.

¡Pobre Iturbide! Tampoco pudo imaginar que "el imperio más opulento", o sea la nación que se extendía desde la Alta California hasta el Istmo de Panamá, pronto sería un país desgarrado, ensangrentado, roto en cien pedazos, y que sólo 26 años después de la declaración de la Independencia el invasor llegaría hasta la ciudad de México e izaría su bandera en el palacio de los virreyes porque la otra bandera, la de las Tres Garantías, había sido traicionada.

Ciertamente poco nos duró el gusto de la Independencia que nuestros padres celebraron con ingenuo entusiasmo hace siglo y medio. Derramada en Padilla la sangre del Libertador, una nueva potencia se adueñó del gobierno por medio de las logias yorquinas, fomentó la discordia, nos lanzó a interminables guerras civiles y a tal punto fue debilitada nuestra unión que en la segunda década de vida independiente perdimos la provincia de Texas y unos años más tarde la mitad del territorio nacional. Se nos achicó la tierra y el alma sobre el país disminuido el amo yanqui impuso un dominio que a la fecha es incontrastable.

Hace 150 años Iturbide nos dijo que ya éramos libres y señaláramos el modo de ser felices. Hoy nuestra libertad se expresa por medio de cuchipandas de mariguana con música de rock y rendidas súplicas al imperialismo de que suprima la sobretasa del diez por ciento y nos haga el favor de comprar nuestros productos. ¡La patria es primero!

ANEXO III

Artículo publicado por **José Manuel Villalpando** en DIARIO MONITOR. Sábado 23 de octubre de 2004.

PADILLA, TAMAULIPAS

Sostengo que Iturbide fue el auténtico consumador de nuestra Independencia, a despecho del presidente Echeverría que se empeñó en decir lo contrario.

Quisieron borrar su nombre de la historia y para ello decidieron acabar hasta con su recuerdo. No les bastó con extirparlo de los libros de texto, ni con arrancar las letras de oro que lo mencionaban en el Congreso de la Unión; tampoco fue suficiente ocultar la fecha de su mayor hazaña, encimándole la celebración ficticia de la nacionalización de la industria eléctrica, ni que por decreto presidencial -falseando la historia- se declarara que otro y no él había sido el consumador de nuestra independencia.

No, nada de esto bastaba a quienes a toda costa deseaban eliminarlo de la conciencia de los mexicanos. Llegaron al extremo genial de sepultar bajo las aguas el último vestigio físico de su paso por la tierra. Una gran pesa ahogó el villorrio donde fue fusilado para que no quedara huella alguna que denunciara el sitio donde un crimen de Estado había sido cometido. Para que no quedara duda de la aniquilación histórica que perpetraron, bautizaron la enorme obra hidráulica con el nombre de "Vicente Guerrero. Consumador de la Independencia", sin que les importara un comino la verdad. Creyeron que así, con sus mentiras, el recuerdo se perdería para siempre.

Pero no sucedió así: por obra de la misma naturaleza, las aguas se retiraron y los restos de Padilla, allá en las Tamaulipas, afloraron de nuevo a la superficie. Sólo dos construcciones -ambas sin techo- sobrevivieron a la masa acuífera que las cubrió por décadas: una escuela del primer tercio del siglo XX y la capilla, construida a fines del XVIII. A unos pasos de ellas, un pequeño zócalo, base de un monumento, ostenta una leyenda en el piso que dice: "Fue ejecutado el 19 de julio de 1824" y marca el sitio donde fue fusilado Agustín de Iturbide, el libertador de México y frustrado primer emperador de nuestra patria.

No es éste el momento de discutir la figura de Iturbide. Solamente diré que soy de los que creo firmemente en la justicia de la historia, que coloca a cada personaje en su sitio, dándole a cada uno del tratamiento que le corresponde, y así como sostengo que Iturbide fue el auténtico consumador de nuestra independencia -a despecho del presidente Echeverría que se empeñó en decir lo contrario-, también creo que Agustín I se equivocó al dejarse seducir por la corona imperial. No supo resistir a la ambición y pagó con su vida sus errores políticos. Pero de ahí a querer despojarlo de sus bien ganados laureles por haber independizado a la patria, hay una distancia enorme. Nadie puede regateárselos jamás. Es más, la artera muerte que le dieron liquidó a Agustín el emperador, pero nos devolvió, limpio ya de culpas, después de haber expiado sus pecados, a Iturbide, el libertador de México.

Hace unos días estuve en Padilla. Me impresionó lo abandonado y lúgubre del lugar. Acompañado por dos dilectos amigos, Francisco de Icaza y Jaime del Arenal, quienes la víspera disertamos ante un culto público tamaulipeco precisamente sobre Iturbide, quisimos visitar el sitio exacto de la muerte del libertador. Recordé la historia: fue fusilado sin previo juicio, en obediencia a un decreto del Congreso que lo declaró traidor a la patria por el simple hecho de pisar el territorio nacional y no opuso resistencia a su captura, pues se comportó con mansedumbre ante sus verdugos para ser finalmente puesto de rodillas, con los ojos vendados y recibir así, humillado, la descarga asesina.

Las aguas de la presa Vicente Guerrero se retiraron y Padilla volvió a la superficie. Pensé al ver las ruinas del páramo aquel en la coincidencia tan notable que se da entre las aguas que se van y la historia oficial que se bate en retirada. Así como podemos volver a ver el lugar donde Iturbide fue fusilado y donde fue enterrado inicialmente -sería exhumado en 1838 y trasladado a la catedral de México- también es posible ya hablar públicamente sobre este personaje deliberadamente ignorado, el verdadero "innombrable" de la historia mexicana, y no sólo eso: ya también puede escribirse sobre él, mencionarse en los medios de comunicación, debatir sobre su vida y su obra, discutir sobre sus virtudes y equivocaciones; bueno, hasta en el libro de texto de la SEP se habla ya de él como el libertador.

No es necesario ser iturbidista para reconocer sus méritos. Simplemente, hay que ser agradecidos hacia quien nos dio patria y libertad. Recomendé a nuestras amables anfitrionas tamaulipecas impulsar la idea de levantar en Padilla no un monumento conmemorativo, sino algo más trascendente y educativo: un museo de sitio que permita a nuestros niños y jóvenes, los de hoy y los del mañana, recordar los terribles momentos en que una nación castigó con la pena de muerte a quien le había dado la independencia.

Cuando Iturbide salió de la casucha donde lo tenían prisionero para ser fusilado dijo: "Daré una última vista al mundo" Y lo que vio fue Padilla. Yo vi también los restos de este poblado y no tuve más remedio que pensar: ¡dónde vino a morir nuestro libertador! Un pequeño museo le daría dignidad a este paraje alejado de la mano de Dios y sepultado bajo las aguas por la mano del hombre.

Abogado e historiador

ANEXO   IV

Artículo publicado por **Catón** (Armando Fuentes Aguirre) en REFORMA. Martes 27 de septiembre de 2011.

ITURBIDE

...hoy se cumplen 190 años del único momento -uno solo- de verdadera unión que los mexicanos hemos conocido a lo largo de toda nuestra vida nacional. El 27 de septiembre de 1821 hizo su entrada en triunfo a la Ciudad de México el Ejército Trigarante encabezado por Agustín de Iturbide. Hombre de luces y de sombras fue él. Todos lo somos, me supongo, pero Iturbide llegó a extremos lo mismo en su grandiosidad que en sus miserias. Tahúr empedernido, gran ladrón, no pudo nunca freno a su arbitraria voluntad. Hizo que su esposa fuera recluida en un convento -la acusó de cosas indecibles- para poder entregarse sin obstáculos a sus devaneos de alcoba. Como militar, su brillo de estratega solo fue igualado por su terrible crueldad. Y sin embargo ese hombre pasó de las tinieblas a la luz: con un plan genial que a todos conciliaba emancipó a México de España y, al hacerlo creó una nación nueva a la cual dio nombre, bandera y unidad. Su victoria fue celebrada por todos, incluso por aquellos que habían luchado durante años como feroces enemigos. Pero eso duró un instante nada más. Al naciente coloso del norte, Estados Unidos, no convenía que la nueva nación conservara vínculos con la Madre Patria. Ya habían concebido los norteamericanos, además, oscuras ambiciones sobre el extenso territorio mexicano, a las cuales se oponía Iturbide. Así, el poderoso vecino empezó a intrigar contra aquel que podía estorbar el proyecto de "América para los americanos", cuya justa traducción sería "América para los norteamericanos". Por su influencia, pues, cayó Iturbide, y por su influjo adoptamos instituciones que nos eran ajenas, y hasta copiamos servilmente el nombre que a su país dan los estadounidenses. Nuestra patria no se llama en lo oficial con su hermoso y sonoro nombre esdrújulo: México. Se llama Estados Unidos Mexicanos, burocrático apelativo que nadie usa como se usa. Y ya no digo más porque estoy muy encabronado (sic), y eso lleva a hacer malos juegos de palabras. Mi encabronamiento (sic), sin embargo, no evitará que recuerde la fecha de hoy dando cuenta de un chile en nogada sabrosísimo, otra de las cosas que debemos a Iturbide, pue esa gala de nuestra gula fue creada para homenajearlo: en el verde del picoso chile, el blanco de la cremosa nogada y el rojo de los granos de granada aparecen representados los tres colores de la bandera que Iturbide ondeó. Al menos esa memoria queda del olvido en que la mentirosa historia oficial -hecha también a la medida de la hegemonía imperial yanqui- tiene al verdadero emancipador de México...

BIBLIOGRAFIA

Abascal, Salvador.

    El cura Hidalgo de rodillas. Editorial Tradición. 1ª Reimpresión. México, 2004.

    La Revolución Mundial. De Herodes a Bush. Editorial Tradición. 1ª Edición. México, 1992.

Alamán, Lucas. **Historia de Méjico.** Editorial Jus. 2ª Edición. México, 1969.

Alvear Acevedo, Carlos.

    Corrientes sociales y políticas. Editorial Tradición. 1ª Edición. México, 1973.

    Historia de México. Editorial Jus. 50ª Edición. México, 1964.

    La Educación y la Ley. Editorial Jus. 3ª Edición. México, 1978.

Amerlinck y Zirión, Teodoro. **Treinta y nueve cartas inéditas de Don Agustín de Iturbide y Aramburu.** Editorial Orión. 1ª Edición. México, 1960.

Anna, Timothy E. **El imperio de Iturbide.** (Traducción: Adriana Sandoval). Alianza Editorial. 1ª Edición. México, 1991.

Arias, Juan de Dios y coautores. **Resumen integral de México a través de los siglos.** Compañía General de Ediciones. 11ª Edición. México, 1969.

Bárcena, Alberto. **Iglesia y Masonería. Las dos ciudades.** Ediciones San Román. 1ª Edición. Madrid, 2016.

Barquín y Ruiz, Andrés. **Agustín de Iturbide. Campeón del Hispanoamericanismo.** Editorial Jus. 1ª Edición. México, 1968.

Bravo Ugarte, José.

    Historia de México. Editorial Jus. 3ª Edición. México, 1962.

    Iturbide. Su muerte, exhumación y monumento en Padilla. Editorial Jus. 1ª Edición. México, 1964.

Bulnes, Francisco.

El triste porvenir de los países latinoamericanos. Editorial Contenido. 1ª Edición. México, 1975.

La Guerra de Independencia. Hidalgo- Iturbide. Editora Nacional. 1ª Edición. México, 1969

Burgoa, Ignacio. **Derecho Constitucional Mexicano.** Editorial Porrúa. 1ª Edición. México, 1973.

Cabezas, Juan Antonio. **La cara íntima de los Borbones.** Editorial San Martín. 1ª Edición. Madrid, 1979.

Calderón, Francisco R. **Historia económica de la Nueva España en tiempo de los Austrias.** Fondo de Cultura Económica. 1ª Edición. México, 1988.

Crespo, José Antonio. **Contra la Historia Oficial.** Debate. 3ª reimpresión. México, 2009.

Cuadra, Pablo Antonio. **Promisión de México y otros ensayos.** Editorial Jus. 1ª Edición. México, 1945.

Cuevas, Luis G. **Porvenir de México.** Editorial Jus. 1ª Edición. México, 1954.

Cuevas, Mariano.

El Libertador. Documentos selectos de Don Agustín de Iturbide. Editorial Patria. 1ª Edición. México, 1947.

Historia de la Iglesia en México. Editorial Patria. 5ª Edición. México, 1947.

Historia de la Nación Mexicana. Editorial Porrúa. 3ª Edición. México, 1967.

Chávez, Ezequiel A. **Agustín de Iturbide. Libertador de México.** Editorial Jus. 2ª Edición. México, 1962.

De la Torre Villar, Ernesto. **En torno al guadalupanismo.** Miguel Ángel Porrúa. 1ª Edición. México, 1985.

De las Heras, Ricardo. **La conspiración masónica en España.** Styria de Ediciones y Publicaciones 1ª Edición. Madrid, 2007.

Del Arenal Fenochio, Jaime. **Cronología de la Independencia (1808-1821).** Nacional de Estudios Históricos de las Revoluciones de México. 1ª Edición. México, 2010.

Del Valle-Arizpe, Artemio. **La Güera Rodríguez.** Librería de Manuel Porrúa. 9ª Edición. México, 1960.

Espino, Guadalupe. **Rincones de Morelia.** Fimax Publicistas. 1ª Edición. Morelia, 1974.

Esquivel Obregón, Toribio. **Apuntes para la historia del Derecho en México.** Editorial Porrúa. 2ª Edición. México, 1984.

Faría, Rafael. **Curso superior de religión.** Voluntad. 12ª Edición. Bogotá, 1963.

Feldmann, Klaus. **México. Tierra de Dios y de María Santísima.** Abc ediciones y servicios. 1ª Edición. Puebla, 2007.

Fernández, Pedro J. **Iturbide. El otro padre de la patria.** Grijalbo. 1ª Edición. México, 2018.

Fernández de la Cigoña, Francisco José. **El Liberalismo y la Iglesia Española. Historia de una Persecución.** Fundación Francisco Elías de Tejada y Erasmo Percopo. 1ª Edición. Madrid, 1990.

Fuentes Aguirre, Armando. **Hidalgo e Iturbide. La gloria y el olvido.** Editorial Diana. 1ª Edición. México, 2008.

Fuentes Mares, José.

    Biografía de una Nación. De Cortés a López Portillo. Ediciones Océano. 1ª Edición. México, 1982.

    Génesis del expansionismo norteamericano. Colegio de México. 1ª Edición. México, 1980.

    Poinsett. Historia de una Gran Intriga. Editorial Jus. 4ª Edición. México, 1964.

Flores D. Jorge. **Pío Marcha. Parva Figura de un Gran Retablo.** Editorial Jus. 1ª Edición. México, 1980.

García Morente, Manuel. **Idea de Hispanidad.** Editorial Espasa-Calpe. 1ª Edición. Madrid, 1961.

Gibaja y Patrón, Antonio. **Comentario a las revoluciones sociales de México.** Editorial Tradición. 2ª Edición. México, 1973.

González Morfín, Adalberto. **Trilogía de Hispanidad.** Editorial Jus. 1ª Edición. México, 1948.

Guedea, Virginia. **Historia de México.** (Coordinación Gisela von Wobeser) FCE, SEP, Academia Mexicana de Historia. 1ª Edición. México, 2010.Guerra Gómez, Manuel. **El árbol masónico.** Digital Reasons. 1ª Edición. Madrid, 2017.

Guevara Torres, José Miguel. **Democracia y rumbo.** Ediciones Mensaje Humanístico. 1ª Edición. México, 2019.

Gutiérrez Casillas, José. **Papeles de don Agustín de Iturbide.** Editorial Tradición. 1ª Edición. México, 1977.

Hillaire, P.A. **La religión demostrada.** (Traducción: Agustín Piaggio) Latino Americana México.1ª Edición. México, 1964.

Iturbide, Agustín de.

   Ideario de Agustín de Iturbide. (Recopilado por Joaquín Blanco Gil) Talleres Gráficos de "La Carpeta". 1ª Edición. Toluca, 1943.

   Sus Memorias escritas desde Liorna. Editorial Jus. 1ª Edición. México, 1973.

Iturriaga, José N. **Charlas de café con Agustín de Iturbide.** Grijalbo. 1ª Edición. México, 2009.

Junco, Alfonso.

   Insurgentes y liberales ante Iturbide. Editorial Jus. 1ª Edición. México, 1971.

   Un siglo de Méjico. Editorial Jus. 5ª Edición. México, 1963.

Kelley, Francis Clement. **México, el país de los altares ensangrentados.** (Traducción de Guillermo Prieto-Yeme). Editorial Polis.1ª Edición. México, 1941.

Lera, Ángel María de. **La Masonería que vuelve.** Planeta. 4ª Edición. Barcelona, 1981.

López Beltrán, Lauro. **Álbum del LXXV aniversario de la Coronación Guadalupana.** Editorial Jus. 1ª Edición. México, 1973.

López Moctezuma, Jorge. **Hispanoamérica ante la incertidumbre de la Independencia.** Conferencia sustentada en el II Congreso Interamericano de Historia del Medio Milenio en América, organizado por FUNDICE durante los días 27, 28 y 29 de octubre de 1988.

López Valdivia, Rigoberto. **El fracaso del socialismo.** Editorial Tradición. 2ª Edición. México, 1976.

Louvier, Juan. **La Cruz en América.** Ediciones de la Universidad Popular Autónoma del Estado de Puebla. 1ª Edición. Puebla, 1990.

Llaguno, José Antonio. **Trilogía de Hispanidad.** Editorial Jus. 1ª Edición. México, 1948.

Macías, José. **Iturbide.** Editorial Tradición. 2ª Edición. México, 1986.

Madariaga, Salvador de. **El auge y el ocaso del imperio español en América.** Espasa Calpe. 2ª Edición. Madrid, 1979.

Maeztu, Ramiro de. **Defensa de la Hispanidad.** Editorial Poblet. 1ª Edición. Buenos Aires, 1952.

Márquez Montiel, Joaquín. **Datos raros sobre caudillos de la Independencia.** Editorial Jus. 1ª Edición. México, 1963.

Mateos, José María. **Historia de la Masonería en México.** Herbasa. 1ª Edición. México, 1884.

Mena, Mario. **El Dragón de Fierro.** Editorial Jus. 1ª Edición. México, 1969.

Menéndez Pidal, Ramón. **Los españoles en la Historia.** Editorial Espasa-Calpe. 1ª Edición. Buenos Aires, 1959.

Menéndez y Pelayo, Marcelino. **Historia de los heterodoxos españoles.** Biblioteca de Autores Cristianos. 1ª Edición. Madrid, 1956.

Mestas, Alberto de. **Agustín de Iturbide. Emperador de México.** Editorial Juventud. 1ª Edición. Barcelona.

Navarrete, Félix. **La Masonería en la Historia y en las Leyes de Méjico.** Editorial Jus. 2ª Edición. México, 1962.

Ocampo, Javier. **Las ideas de un día.** El Colegio de México. 1ª Edición. México, 1969.

Olmedo, Daniel. **La Iglesia Católica en la Edad Moderna.** Obra Nacional de la Buena Prensa. 2ª Edición. México, 1963.

Ortega y Medina, Juan A. **Destino Manifiesto.** SepSetentas. 1ª Edición. México, 1972.

Pellitero Aja, Karmelle. **Morelia. Cantera viva de México.** Lunwegg Editores. 1ª Edición. Barcelona, 2006.

Pemán, José María. **La historia de España contada con sencillez.** Homo Legens. 1ª Edición. Madrid, 2009.

Pereyra, Carlos.

Breve historia de América. Editorial Patria. 5ª Edición. México, 1969.

Historia del pueblo mejicano. (Segunda parte) Editora Nacional. 1ª Edición. México, 1973.

México Falsificado. Editorial Polis. 1ª Edición. México, 1949.

Pérez Alonso, Manuel. **La Compañía de Jesús en México. Cuatro siglos de labor cultural. (1572-1972).** Editorial Jus. 1ª Edición. México, 1975.

Pérez Galdós, Benito. **El dos de mayo.** Editorial Libsa. 1ª Edición. Madrid, 2008.

Poinsett, Joel Roberts. **Notas sobre México.** (Traductor: Pablo Martínez del Campo) Editorial Jus. 2ª Edición. México, 1973.

Quirarte, Martín. **Visión panorámica de la Historia de México.** Librería Porrúa Hermanos. 4ª Edición. México, 1974.

Robelo Arenas, Ricardo. **Historia General de la Fortaleza de San Juan de Ulúa.** Imprenta Gráficas del Golfo. 1ª Edición. Veracruz, 1953.

Robledo Galguera, José. **La Hispanidad a través de los siglos.** Ediciones Club España. 1ª Edición Buenos Aires, 1959.

Rodríguez, Pedro Uriel. **Iturbide, consumador de la Independencia.** Forja Editores. 1ª Edición. México, 1992.

Romero Flores, Jesús. **México. Historia de una Gran Ciudad.** Ediciones Morelos. 1ª Edición. México, 1953.

Salado Álvarez, Victoriano. **Poinsett y algunos de sus discípulos.** Editorial Jus. 1ª Edición. México, 1968.

Salcedo Ruíz, Ángel. Historia de España. Resumen crítico. Casa Editorial Saturnino Calleja. 1ª Edición. Madrid, 1914.

Salmerón, Celerino.

   El general Guerrero. Editorial Tradición. 1ª Edición. México, 1983.

   En defensa de Iturbide. Editorial Tradición. 1ª Edición. México, 1974.

Schlarman, Joseph. H. L. **México tierra de volcanes.** (Traducción: Carlos de María y Campos) Editorial Porrúa. 7ª Edición. México, 1965.

Scheifler Amézaga, Francisco Xavier. **Trilogía de Hispanidad.** Editorial Jus. 1ª Edición. México, 1948.

Sierra, Justo. **Evolución política del pueblo mexicano.** Universidad Nacional Autónoma de México. 2ª Edición. México, 1957.

Spence Robertson, William. **Iturbide de México.** (Traducción: Rafael Estrada Sámano). Fondo de Cultura Económica. 2ª Edición. México, 2012.

Tena Ramírez, Felipe.

   Derecho Constitucional Mexicano. Editorial Porrúa. 8ª Edición. México, 1967.

   Leyes Fundamentales de México. Editorial Porrúa. 4ª Edición. México, 1971.

Toro, Alfonso. **Historia de México.** Editorial Patria. 16ª Edición. México, 1973.

Torrente Ballester, Gonzalo. **Literatura española contemporánea.** Ediciones Guadarrama. 2ª Edición. Madrid, 1964.

Trueba, Alfonso. Iturbide. **Un destino trágico.** Editorial Jus. 3ª Edición. México, 1959.

Ullate Fabo, José Antonio. **Españoles que no pudieron serlo**. Libros Libres. 1ª Edición. Madrid, 2009.

Vasconcelos, José. **La raza cósmica**. Espasa-Calpe Mexicana. 3ª Edición. México, 1966.

Vázquez, Josefina Zoraida. **Historia de México.** (Coordinación Gisela von Wobeser) FCE, SEP, Academia Mexicana de Historia. 1ª Edición. México, 2010.

Verti, Sebastián. **Tradiciones mexicanas**. Editorial Diana. 1ª Edición. México, 1991.

Villoro Toranzo, Miguel. **Introducción al estudio del Derecho**. Editorial Porrúa. 1ª Edición. México, 1966.

Weckman, Luis. **La herencia medieval de México**. El Colegio de México. 1ª Edición. México, 1984.

ACERCA DEL AUTOR

Nemesio Rodríguez Lois
Licenciado en Derecho por la Universidad Iberoamericana donde se graduó con MENCION HONORIFICA el 17 de enero de 1974.
La Unión Nacional de Padres de Familia le concedió la Presea MANUEL DE LA PEZA el 24 de abril de 2021
Editorialista de EL HERALDO DE MEXICO entre 1973 y 2003.
Corresponsal en México de la revista española IGLESIA MUNDO (1981-1994).
Colaborador de varias revistas mexicanas y extranjeras.
Ha impartido cursos y conferencias en varias instituciones culturales.
Presidente de la RED DE COMUNICADORES CATOLICOS (2010-2013).
Autor de varios libros entre los que destacan entre otros: La Cruzada que forjó una Patria (1976). Forjadores de México (1983). Los mitos del Bicentenario (2010). Isabel la Católica. Su legado para México (2013).
Colabora asiduamente en los siguientes diarios digitales:
www.actuall.com
www.diarionuevavision.com
www.yoinfluyo.com

Made in the USA
Monee, IL
21 July 2021